観光消滅

観光立国の実像と虚像

佐滝剛弘
城西国際大学教授

821
中公新書ラクレ

はじめに

「日本は観光立国を目指している」、あるいは「日本はすでに観光大国である」と言われたら、私たちはいまやその言葉をおそらく素直に受け取ることができるであろう。築地場外市場の飲食街で、北海道・ニセコのゲレンデで、京都・伏見稲荷《ふしみいなり》大社の境内《けいだい》で、私たちはヴィジュアルとして日本が観光立国であることを体感できる。いや、そんな有名どころではなく、電気も通じずスマホの電波も圏外の秘湯、青荷《あおに》温泉の「ランプの宿」（青森県黒石《くろいし》市）に出かけてみてもいい。そこには多彩な食や歴史など日本の美点を求めて殺到するインバウンド＝外国人観光客の楽しげな姿が毎日のように見られる。新型コロナウイルスの蔓延《まんえん》という大きな試練を乗り越えて、日本は再び観光立国の道を邁進《まいしん》している。そしてそのおかげで豊かになり、日本人は皆幸せになる……。

大学の観光学部で、観光の未来を教える身からすれば、こんな状況はもろ手を挙げて歓迎すべきことではある。だが、一方でこの耳当たりの良い言葉には、なんとなく不穏な気配が漂っている。違和感をずっと抱き続けていると言ってもいいかもしれない。というのも、筆者は永年メディアの世界でジャーナリストとして現象の裏側を掘り下げてきたので、耳当たりの良さにこそ陥穽《かんせい》がある例を数多く見てきたからである。

外国人で埋まる京都の光景は、私たちにとって本当に望んだハッピーな姿なのだろうか？　行きつけのラーメン屋さんに外国人が行列を作り、30分以上並ばなければ食べられない現状は、「生活が豊かになった」と言えるのだろうか？　観光立国と言いながら、逆に私たち日本人は海外旅行に自由に行ける経済力維持できているのだろうか？　もしかしたら、「観光立国」という言葉は、先進国という呼称に疑問符がつき始めた日本の姿を覆い隠す魔法のヴェールにすぎないのではないだろうか？

筆者は、２０１９年に『観光公害　インバウンド４０００万人時代の副作用』という書籍を上梓した。インバウンド増加の陰で起きている日本各地のひずみと、すでに海外の都市やリゾート地で起きていたオーバーツーリズムについて分析した新書だが、幸い多くの方の目に留まり、その後ほぼ毎年、全国の高校や大学の入試にもその文章の一部が問題文として使われている。あれから5年、コロナ禍を経て再びオーバーツーリズムの弊害が各地で表出しているが、そうした一つひとつの現象よりも、実は観光そのものが危機に瀕《ひん》しているのではないか、あるいは観光という一見華やかな現象に光が当たる一方で、その光の届かないところではより深刻な事象が、日本で、そして世界で起きているのではないか。その懸念こそが本書を書くに至った動機である。

筆者は、学生のころから国内外を歩き、今も暇さえあればバリ島の世界遺産の棚田を眺め、モロッコやブルガリアの高速道路を自分でハンドルを握って走る、筋金入りの旅好きである。それなのに『観光消滅』という穏やかならざるタイトルの本にかかわってしまった。これが「観光〝学部〟消滅」につながったら、筆者は職を失うかもしれない。しかし、筆者が感じた〝違和感〟の正体ははっきりさせねばならない。

本書は、第一部「崩壊」、第二部「消滅」、第三部「未来」の三部構成とした。前著『観光公害』から5年、「観光」を取り巻く環境は崩壊から消滅への危機にあるという筆者の懸念が、ここには込められている。本書が観光立国の掛け声の陰に隠れた虚実と、その先の「未来」を考えるきっかけになるのであれば、望外の喜びである。

目次

写真／筆者
図表作成・本文DTP／今井明子

観光消滅

観光立国の実像と虚像

第一部

崩壊

――「観光立国」の実態を検証する

第一章　「観光立国」の現場を見る

「観光客に歩くことを勧める」観光地

2024年5月、大型連休。人気観光地・鎌倉の表玄関、鎌倉駅西口。黄緑色の作業用ベストを着た何人ものスタッフが、「長谷《はせ》の大仏さまへは歩いて行きましょう」と声をかけながら、散策マップを配っている。鎌倉駅から鎌倉の大仏様で知られる高徳院《こうとくいん》へは、江ノ島電鉄に乗り換えて長谷駅から歩くのが定番だ。しかし大型連休中の車内の混雑は激しく、鎌倉駅の改札口に辿《たど》り着くまでにもかなりの行列ができる。14分間隔で運行される小さな車体の4両編成の電車ではさばけないくらいの観光客が押し寄せていた。

そこで、2024年から関東運輸局による「鎌倉市・藤沢市エリアにおける旅行者の意識と行動変容への取組に関する実証事業」という名のトライアルが始まった。名前は長いが、要は電車に乗らず歩きましょう！　という徒歩での移動を勧めるキャンペーンである。ひどいときには行列に並んでから電車が発車するまで1時間以上かかることを思えば、30分程度の散策を促すのも道理ではある。しかし、観光地への案内にバスやタクシーを勧めるならまだしも、歩きましょう！　というのは、おもてなしの国ニッポンとしてはいかがなものだろうか？

鎌倉駅前での徒歩推奨実証実験の様子（2024年５月）

筆者も散策マップに載っていたルートを実際に歩いてみた。観光客はそこそこいるが、混雑するというほどではない。寄り道をしたせいで45分ほどかかったが、大仏様まで無事歩くことができた。途中新しくできたと思われるしゃれたカフェや食事の店、雑貨店などもあって、それなりに散歩を楽しめたが、遠方からのお客様を歩かせることで混雑を和《やわ》らげるとは、なかなか思い切った策である。そもそも駅前で「電車に乗らず歩きましょう」

などとプラカードを持って観光客に声をかけるなんて、鉄道会社からしたら重大な営業妨害のはずだ。にもかかわらず、鉄道会社もこれに協力するなんて、「オーバーツーリズム」もここまで来たのか？　と、感心する気持ちと呆れた気持ちがないまぜになって押し寄せてきた。

同じ大型連休、京都では、京都駅から東山《ひがしやま》の高台寺《こうだいじ》まで、9人乗りの乗り合いタクシーの限定運行が行われた。というのも、京都駅前から清水寺《きよみずでら》などの東山の観光地へ向かうバス路線は、休日を中心に混雑がひどく、その乗り場である「Ｄ２」停留所の行列は絶望的に長いからである。路線バスなら30分ほどで２３０円だが、バスにはいつ乗れるかわからないし、乗れたとしても超満員。それなら、８００円の料金を払っても半分近い時間で祇園《ぎおん》の北部まで行けるのはありがたい。京都市では、ほかにも、通常の路線バスを補完する臨時観光路線を東山地区や金閣寺や嵐山方面へ運行したり、バスの混雑緩和のため、観光地から京都駅へ向かう路線で、途中で地下鉄へ無料の振り替え輸送を実施したりするなど、ありとあらゆる策を講じたが、それでもピーク時は京都駅や観光地最寄りのバス停で長い行列ができた。

鎌倉では混雑する電車の救済のための徒歩推奨。京都では混雑するバスの救済のための乗り合いタクシー運行。日本の観光地を代表する東西の古都は、ともに押し寄せる観光客、とりわけインバウンドの激増にそれぞれ頭を悩ませ、対策を講じるに至った。これが今の日本の観光地で起きている象徴的な事例である。

外国人でぎっしりの日本行き日系機

筆者は、コロナ禍が明けて以降、２０２４年春までに、取材・調査で４度海外を訪れた。２０２２年12月のインドネシア・バリ島とシンガポール、２０２３年８月のイスラエル・パレスチナ（イスラエルとハマスの戦闘勃発の直前に訪問）と同年12月から２０２４年１月までのイラン、そして２０２４年３月のオーストラリアである。

コロナ禍前であれば、日本と海外を結ぶ航空便の乗客の内外比、つまり日本人と外国人の割合は、路線によって多少の差はあるものの、おおむね半々か外国人が少し多い程度であった。ハワイやバリ島などリゾート地への路線であれば、乗客の大半は日本人であった。しかし、コロナ禍後に搭乗した国際便、すなわち、シンガポール航空、エルアル航空（イスラエルのフラッグ・キャリア）、カタール航空などは８割以上が外国人であった。

さらに、オーストラリアへは日系の航空会社を利用したが、それでも機内はほぼ外国人一色だった。航空会社の地上係員に聞いたところ、「今日は８割が外国人だが、スキーシーズンが終了に近づいたので、これでも減った方であり、シーズン真っ盛りのころはもっと外国人の割合が多かった」とのことである。今も頻繁に国際便に乗っている方はともかく、過去に海外渡航を経験した方にとっては、ＪＡＬの機内の大半の乗客が外国人という様子を想像できるだろうか？

ちなみに、アウトドア好きの多いオーストラリア人は、いまや日本のスキー場の主役である。後述するニセコはもちろん、長野県の野沢温泉や白馬《はくば》など著名なスキー場でもオーストラリア人が最も多い。オーストラリアの現地の旅行会社に聞いた「オーストラリア人の人気海外訪問国」のトップ3は、第1位インドネシア・バリ島、第2位ニュージーランド、第3位日本だそうである。確かに、２０２２年に訪れたバリ島では、内陸の観光の拠点ウブドの郊外でオーストラリア人が次々と別荘を購入している状況を垣間見た。ニュージーランドは、オーストラリア人にとって日本で言えば韓国のような「お隣の国」であり、最も身近な海外である。そして、その次に人気がある訪問先は日本とのことである。

ちなみに、コロナ前に20社あった日本人観光客を対象とした現地会社、いわゆるランドオペレーターは、今では3社しかないという話を先述の現地旅行会社のスタッフに聞いた。これでは、仮に日本人の海外渡航状況が元に戻っても、現地の受け皿が不足することになる。

訪日外国人の入国審査窓口の混雑

さて、国際便が日本に到着すると、まず「入国審査」が待っている。この審査は、たいていの国では自国民と外国人のレーンが別になっている。ヨーロッパではEU市民とそれ以外という分け方もある。それは日本でも同様で、審査窓口の前で、外国人と日本人が振り分けられる。かつては羽田でも成田でも到着便が重なると、日本人の入国窓口にもかなりの行列ができているのが普通であった。それほど混雑していない外国人の方の窓口で受け付けてもらえないか？　と思ったこともある。

しかし、コロナ禍後は全く逆転してしまった。オーストラリアからの帰国時でも日本人側の行列はゼロ。パスポートを自動読み取り機にかざせば、わずか10秒ほどで終わる。求めなければ帰国のスタンプも押されない。一方、外国人の入国審査の窓口には信じられないほどの行列ができている。ただでさえ日本人の入国よりは審査にも時間をかけているので、その行列は一向に減らない。

法務省の出入国在留管理庁では、主要空港の入国審査待ち時間をデータ化して公表している。それによると、2024年1月で最も待ち時間が長かったケースは、関西空港第1ターミナル（北側）の69分、続いて成田空港第1ターミナル（南側）の68分、第2ターミナルの67分と続いている。同庁は待ち時間20分以内の達成率というのも公表していて、同月の全体平均は77％なので、常に1時間以上かかっているわけではない。とはいえ、入国審査を抜けるだけで1時間を超えるのは旅行者にとってはつらいし、その国の印象は決して良くならないだろう。

アメリカも審査に時間がかかる国として知られている。筆者もニューヨークのジョン・F・ケネディ空港でゲートを潜《くぐ》り抜けるのに1時間以上かかった経験があるが、やはりその国のファースト・インプレッションはかなり低下する。

入国審査の後は、預けた荷物をピックアップし、今度は税関審査を抜け、さらに両替をしたり、スマホを自由に使うためSIMカードを買ったりと、空港を出るまでにかなりの時間がかかる。日本は預け荷物の返却が諸外国と比べてもかなり早い方なので、外国人が入国審査を終えてターンテーブルに辿り着くころには、彼らの荷物は地上係員がすべて搬出を終えて、レーンの脇にきれいに並べられている。

築地場外市場の高級グルメ

東京で生活を送る人であれば、空港まで足を延ばさなくても都内のあちこちで外国人旅行客の姿を大勢見かけるであろう。筆者は通勤で東京駅を利用しているが、早朝を除けばコンコースを行き交う人の多くは外国人であることをいやが応でも意識させられている。

築地場外市場のステーキ串

まず、荷物が多い。スーツケースを二つ転がしている人もざらにいる。さらに当然ながら東京駅に不慣れなので、動線上にグループで立ち止まってスマホで行き先を検索しており、いつも通路が塞がれる。柱の陰から突然大きなスーツケースが出てきて躓《つまず》きそうになることもある。

浅草、秋葉原、銀座、渋谷などの繁華街や上野公園などの観光地でも、その姿はとても目立つ。２０２４年３月の平日の昼ごろ、築地場外市場を訪れてみたら、完全に外国人の街であった。１串６０００円するステーキ串、さらにそれにウニをのせた串もある。もちろん、合わせて食べればよりおいしいのかもしれない。しかし、新鮮な海産物などを安く手に入れるための築地場外市場で、こうした高級な食べ物が売られていることに違和感を覚えるのは筆者だけではないだろう。

そもそもステーキにウニをのせて食べる伝統的な食文化は日本にはない。日本人の足が遠のくのも無理はない。京都の錦《にしき》市場や大阪の黒門《くろもん》市場もコロナ禍で一時日本人向けの店構えに戻っていたけれど、今は再び外国人御用達のマーケットになっている。

韓国人が席巻する太宰府天満宮

2023年9月、筆者は大学のゼミ生とともに、福岡を訪れた。太宰府天満宮《だざいふてんまんぐう》、博多駅、海の中道《なかみち》にあるマリンワールドという水族館など、どこへ行っても目にしたのは外国人、そして耳に飛び込んでくるのは韓国語であった。

福岡県はその距離の近さから、コロナ禍前でも国・地域別の訪日外国人のデータでは韓国がトップであった。これはほとんどの都道府県で中国人が最も多かったのとは異なる傾向であったが、コロナ禍以降、中国人の入国が鈍っているため、これまで以上に韓国人の割合が高まっている。

天満宮の前には名物の「梅ヶ枝餅《うめがえもち》」などを売る古くからの門前町が形成されているが、ここ10年ほどで様相が一気に変わった。しゃれた店や食べ歩き用の軽食を売る店がどっと増え、古くからの門前町のイメージがまるでポップな若者の街のようになっている。その中でもいくつもの木組みが参道につきだした雑貨の店かと見まがうカフェがあったが、よく見るとスターバックスだった。木組みを得意とする建築家の隈研吾《くまけんご》氏による設計であった。

外国語が飛び交う祝祭空間のような街は、活気があってよいのかもしれないが、ごみ箱がないのに食べ歩き用の商品を多く売っているせいで、通りにはごみが散乱しているし、何より統一感がない。しかもここは学問の神様である菅原道真《すがわらのみちざね》公を祀《まつ》る神社の門前である。ちなみにこの天満宮は、日本よりも厳しい受験社会である韓国の若者にもそのご利益《りやく》が知られていて、奉納されている絵馬にはハングルのものも数多くある。海を越えてご利益が知られて多くのインバウンドを迎え入れている点は素晴らしいともいえる一方で、厳《おごそ》かな雰囲気が失われつつあることに一抹の寂しさ、あるいは違和感のようなものを感じてしまった。

京都の路線バス問題の深刻さ

訪日客の玄関となる東京と大阪を除けば、日本一の国際観光都市はやはり京都であろう。筆者はこれまで数知れない外国人と言葉を交わしてきたが、東京と京都を知らない外国人にはほとんどお目にかかったことがない。それほど京都の知名度は高く、また京都ほどインバウンドの集中でオーバーツーリズムの弊害が顕著に表れている街もない。2024年3月に、日本在住のフィンランド人ジャーナリストにインタビューを受ける機会があったが、彼の関心事ももっぱら京都のオーバーツーリズムであった。

その象徴的な弊害は路線バスの混雑である。鉄道網が脆弱《ぜいじゃく》な京都では、多くの観光地がバスでしかアクセスできない。清水寺、銀閣寺、金閣寺、大徳寺《だいとくじ》などへ鉄道の駅から歩くのは難しい。しかも、それぞれの寺院は住宅地に囲まれたような場所にあり、主要駅と観光地を結ぶバスは同時に市民の足でもある。

筆者は2018年から2021年までの3年間、京都の大学で教鞭《きょうべん》を執った。天気が良ければ自転車通勤だったが、雨が降ると市営バスを利用していた。そのため、観光客、とりわけ大きなスーツケースなどを持った外国人観光客と同乗する機会が多かった。彼らの荷物がスペースを取ってより窮屈になるうえ、不慣れさゆえに下車する際の運賃の支払いトラブルでバスがなかなか出発できなかったりして、市民が（そしてひそかに私も）いらつく場面によく出くわしたものである。

しかし、これらは「目に見える」観光立国のデメリットであり、本当の問題は目に見えづらいだけにもっと深刻だ。それは、「京都人が京都に住めなくなる」という弊害である。

コロナ禍前から、京都では空き地ができるとそのほとんどがホテル用地として買収され、オフィスや住宅用に確保できなかった。その結果、価格が高騰したりそもそも物件がなかったりで、本当は京都に住みたい人たちがやむなく近隣の自治体、特に滋賀県の方まで目を向けないと家を確保できない事態が進行していたのである。

実際、ＪＲ琵琶湖《びわこ》線の京都寄りの駅、特に新快速が停車する大津、石山、南草津、草津、守山などの駅前は、マンションが林立する典型的な衛星都市に変貌した。コロナ禍の間も観光の再開を見越してホテルの建設ラッシュは下火にならず、この状況は２０２４年現在も続いている。京都のホテルについては別項で詳しく述べるが、「観光立国」の風景としてやはり京都で起きていることは決して特殊な事象ではなく、条件さえ揃えばどこでも起こりうると知っておくべきだろう。

京都駅烏丸口のバス乗り場の混雑（2023年11月）

国際観光都市、京都

京都は、実はもともと「国際」都市である。平安京遷都の前から京都の基礎を作ってきたのは、秦《はた》氏などの渡来人である。土木、養蚕《ようさん》、機織《はた》りなどの技術を大陸から持ち込んだ秦氏の本拠地であった地は現在も「太秦《うずまさ》」と呼ばれ、地名や駅名にその名を残している。そして、中国の唐の都長安《ちょうあん》をほぼコピーして平安京が生まれた。

また、八坂《やさか》神社の祭礼で町衆が伝統をつないできた祇園祭は、「動く美術館」と呼ばれる豪華な山鉾《やまぼこ》が巡行することで知られるが、その山鉾を飾る幕には外国由来のものが数多くある。中国やインドで織られたものばかりではなく、フランドル地方（現在のベルギー）で織られたキリスト教の寓話《ぐうわ》をモチーフとするタペストリーも見られるし、近年新調された幕にも、イラクの首都バグダッドやイタリアのヴェネツィアの情景を描いたエキゾチックな絵柄のものがある。そもそも山鉾の上を飾る人形などのモチーフは、多くが中国の故事から採られている。ずばり中国の詩人の名前が付けられた「白楽天山《はくらくてんやま》」はもちろんのこと、「郭巨《かっきょ》山」「函谷鉾《かんこぼこ》」「蟷螂山《とうろう》」「鯉山《こい》」なども皆そうだ。「蟷螂」は、「蟷螂之斧《おの》」（弱者が無謀にも強者に立ち向かう中国由来の譬《たと》え）から採られているし、「鯉山」の鯉は、黄河上流の急流の滝を登る鯉から来ている。その滝が「竜門」であり、そこを登ることから「登竜門」という言葉ができたことを知識として得ている人も多いだろう。日本古来の、最も日本らしいお祭りと考えられているイベントを外国由来のものが支えている事実を知ると、現在、外国人に占拠されているように見える姿も、実は歴史を受け継いでいるにすぎないと思える。

一方で外国人に気づかされる日本の伝統

前項で京都の文化には「外国」の影響が強く溶け込んでいることに触れたが、もう一つ日本の観光を語る上で忘れてはならないことがある。それは、日本の「良さ」を発見したのも、実は以前から外国人であったということである。

国を挙げて「殖産興業」「富国強兵」に邁進した明治初期、日本の文化、特に仏教の分野は、日本の後進性を象徴するものとして打ち捨てられた。神道を事実上の国教とするために発布された「神仏分離令」（1868年）は、結果として仏像や仏画などを唾棄《だき》すべきものとして「廃仏」を促した。そして多くの仏像などが海外に流出した。ところがそのころ欧州で盛んに開催された万国博覧会で日本の文化はその歴史の長さやオリジナリティから高く評価され、仏像などは美術品として珍重された。それに気づいた心ある人たちにより、信仰の対象としてというより一流の美術品として仏像や仏画の価値が見直されるようになった。そしてそれらが最も多く収蔵されていたのが京都であった。もし外国人による仏教文化の「発見」がなかったら、京都の観光資源は今以上に失われていた可能性が高い。浮世絵の価値を

〝発見〟したのも同様に外国人である。

明治以降、日本画や七宝《しっぽう》などの伝統芸術を牽引した芸術家も、その多くが欧州や中国を訪れたり、明治期を通じて開催された欧州の万国博覧会に出品し、そこで評価されて名を上げた。一連の『動植綵絵《どうしょくさいえ》』などの作品で高い人気を誇る江戸期の京都の絵師・伊藤若冲《じゃくちゅう》が再評価されたのも、第二次大戦後、アメリカの美術コレクター、ジョー・プライスが彼の絵を次々と購入して一大コレクションを築いたことがきっかけである。

北海道　観光で市民生活崩壊の危機

オーバーツーリズムに悩むのは、東京と京都といった二大観光地だけではない。

近年、観光客によって平穏な市民生活が崩壊しつつあるのが北海道である。筆者は北海道へ足を運ぶ場合は、空の玄関、新千歳《ちとせ》空港でレンタカーを借りることがほとんどだが、到着ロビーを出た先で、ミニバンやワンボックスタイプの車にアジア系の観光客が巨大なスーツケースを積み込む姿によく出くわす。羽田や成田でも問題になっている白タクである。ここから直接ニセコなどへ向かう客が多いという。

北海道では後述のように鉄道も路線バスも廃止や減便の嵐となっている一方、小樽の天狗《てんぐ》山《やま》や夜景で知られる函館山などの観光地へ向かうバスの混雑は常態化している。観光路線とはいえ沿線に住民が住んでいるため、京都と全く同じような「バス問題」が発生している。人手不足が深刻な中でこうした問題が起きても、簡単に便を増やすことはできない。そのため手が付けられないままになってしまう。

さらに深刻なのが人件費の高騰である。スキーリゾートとして知られるニセコでは観光関連業界の人件費が高騰し、飲食店や施設清掃の時給が東京以上の平均1700円を超えるほどになっている。

しかし、各業界が人手不足の中、ある業界が突出すればそれ以外の業界の人材確保がさらに難しくなる。とりわけ介護など、国が定める報酬により収入額が決まっているような業界では、時給を上げることもできず、人手不足に拍車がかかることになる。「観光立国」の掛け声の裏では、思わぬ方面の社会的弱者へのしわ寄せが起きているのである。

沖縄の離島にも外国人殺到

「雪」そのものが観光資源となる北海道や各地スキー場。では、南の島は安泰かというとそうでもない。

那覇泊港の渡嘉敷島への切符売り場は外国人ばかり

２０２３年11月、離島行きの船のターミナル、那覇泊《とまり》港。慶良間《けらま》諸島の座間味《ざまみ》行きフェリーの切符売り場で筆者がチケットを買おうとすると、まわりは皆外国人だった。沖縄本島ならともかく、那覇から高速船とフェリーが1日数往復するだけの小さな島に外国人が殺到しているとは思わなかった。チケット売り場に英語が話せる外国人スタッフまで配置されていたのには、さらに驚かされた。出港後、彼らは船のデッキに陣取り、近づくケラマブルーの海を抱いた島影が近づくのを嬉しそうに見つめていた。

船に外国人が乗っているだけなら何も問題はない。しかし特にコロナ前から大きなトラブルを抱えていたのが、宮古島と石垣島である。

この両島は大型クルーズ船のターミナルが整備されたことにより、中国方面から大型客船が頻繁に訪れるようになった。クルーズ船は、1隻で２０００〜３０００人が乗船するキャパシティで、新幹線のぞみの2編成くらいの定員を一度に運べる。その乗船客が大きいとは言えない島にどっと降り立ち、品質の良い日本のおむつや生理用品などを大量に購入していくのである。

しかも、クルーズ船の食事は原則オールインクルーシブ、つまり船内ですべて賄《まかな》えるので、地元に飲食のお金はあまり落ちない。島民の需要と競合する日用品が買い占められ、観光客としての本来の観光消費が望めないとすれば、船客は迷惑でしかない。クルーズ航海が盛んな地中海の港、具体的にはイタリアのヴェネツィアやクロアチアのドゥブロブニクなどは、大型クルーズ船の入港に制限を設けるようになったが、これもやはり一時に数千人が狭い観光地に押し寄せることに歯止めをかけたかったからである。

「観光立国」宣言を受けて、確かに日本には多くの外国人観光客が訪れるようになった。移動や飲食、宿泊や商品の購入などで、訪問先には相当の金額が落ちているはずだ。まさに「観光立国」の狙い通りと言える。しかし、各地で起きていることは、特に地域で平穏な暮らしを送っている人々からすると、受け入れられる許容量を超えつつあるように感じられる。私たちはあらためて「観光立国」の本質とそれが抱える諸課題について検討すべき段階に入っている。

第二章　データが語る「観光立国」

日本に出現した「外国」

コロナ禍が収まり、再び人の行き来が自由になった日本で、私たちは前章で触れたような「日本の中の外国」を目にするようになった。いや、横浜の中華街や神戸の南京町《なんきんまち》はずっと昔からその一帯が〝中国〟だったし、東京の新大久保もリトル・コリアの雰囲気がある。近年では、江戸川区の西葛西周辺がインド人の集住するエリアとして知られるようになったし、在日クルド人などが多い埼玉県蕨《わらび》市は「ワラビスタン」という異称もある。

しかし、ここでいう「日本の中の外国」はこうした〝移民〟ではなく、外国人観光客で埋め尽くされた光景を指す。毎年春と秋に開催される岐阜県の高山祭《たかやままつり》。豪華絢爛《けんらん》な屋台が曳《ひ》き回される、日本の伝統美を凝縮した祭礼を見物している観光客の多くは外国人であり、飛び交う言葉も異国のものである。目の前に置かれたラーメンから炎が上がるパフォーマンスが名物の京都のラーメン店の店内は、ほぼ外国人で埋め尽くされている。大阪城、小樽運河、そして究極の「日本の中の外国」と言える冬の北海道・ニセコや新宿ゴールデン街……。

こうした光景は、様々なメディアで拡散され、その様子を実際に見ていない人にも、日本に観光客の集中による「外国」が出現している実情が伝わっている。そう、日本は外国人観光客の誘致に「大成功」していると。

そもそも「観光立国」とは？

「観光立国」という言葉はメディアでもよく使われるし、政府の正式な文書にも使われている。では、観光立国とはそもそもどんな国を指すのだろうか？

２００７年１月に施行された「観光立国推進基本法」の中に観光立国の定義は書かれてはいないが、第17条はこんな条文である。

国は、外国人観光旅客の来訪の促進を図るため、我が国の伝統、文化等を生かした海外における観光宣伝活動の重点的かつ効果的な実施、国内における交通、宿泊その他の観光旅行に要する費用に関する情報の提供、国際会議その他の国際的な規模で開催される行事の誘致の促進、外国人観光旅客の出入国に関する措置の改善、通訳案内のサービスの向上その他の外国人観光旅客の受入れの体制の確保等に必要な施策を講ずるものとする。

要するにインバウンド誘致に力を入れるということが書かれており、この法律の施行後2016年に策定された「明日の日本を支える観光ビジョン」では、2020年に訪日外国人旅行者数4000万人、さらには2030年に6000万人を目指すという高い目標が掲げられている。そして、コロナ禍を経ても政府はこの数字を取り下げていない。こうして見ると、外国人訪問者数が多ければ多いほど「観光立国」なのではないかという推察が成り立つ。

そこで、2019年の観光客数のトップ10+3をまとめてみた（コロナの影響を考えると、一番実態を反映している数字が2019年なので、そのデータを基にする）。これらの国はすべて観光立国と言ってよいともいえるし、一方で中国やドイツ、イギリスにについては少々異論が出るかもしれない。また、この順位は純粋な「観光力」だけでなく、周辺国との往来の容易さもある程度関係していることが推測できる。つまり、日本のような島国では、インバウンドは空路か海路に頼るしかないが、陸続きの国が周辺にあれば、「海外旅行」のハードルは下がるというわけである。

トップのフランスは、国そのものに魅力があることももちろんだが、周辺にドイツ、イタリア、スペイン、ベルギー、スイスといった経済的に豊かな国々があるし、ドーバー海峡を挟んでいるとはいえ、イギリスとは鉄道で直接結ばれている。しかも欧州の主要国同士で結んでいるシェンゲン協定（Schengen Agreement）加盟国であれば、パスポートなしの国内感覚で旅行ができる。欧州でランクインした国はほとんどがそうした地理的アドバンテージを有しているし、中国の場合は香港やマカオからの入国者も含んでいる。その意味では島国で純粋に多くの国際観光客を受け入れているのは

図表1　国際観光客到着数ランキング（2019年）

順位	国・地域名	人数（千人）
第1位	フランス	89,322
第2位	スペイン	83,509
第3位	アメリカ	79,256
第4位	中　国	65,700
第5位	イタリア	64,513
第6位	トルコ	51,192
第7位	メキシコ	45,024
第8位	タ　イ	39,916
第9位	ドイツ	39,563
第10位	イギリス	39,418
第11位	オーストリア	31,884
第12位	日　本	31,882
第13位	ギリシャ	31,348

出典：UNWTO　国連世界観光機関
※フランスのみ2018年のデータ

日本だけと言える。

産業に占める観光業の割合

「観光立国」かどうかは、純粋な入国者数のほかに、観光収入や観光業従事者が国の中でどのくらいの割合なのかも重要な要素である。例えば、スペインはGDPのおよそ12％が観光収入である。この表にはランクインしていないが、UAE（アラブ首長国連邦）も、12％と同様に高い（国際観光収入は世界第12位）。また、タイは観光産業従事者が全従業者の25％にも及ぶという統計もある。

翻って日本の2019年の観光GDP額は11・2兆円（観光庁調べ）で、GDPのおよそ2％とG7にスペインを加えた8か国（アメリカ、カナダ、イギリス、ドイツ、フランス、イタリア、日本、スペイン）の中ではカナダと並んで最低である。もう一つの指標である従業者数は統計によって幅があり、600万人台から1100万人台までばらばらである。

実は、その人を観光業に従事しているとみなすかどうかの線引きはきわめて難しい。観光の基本となる「足」を支えるため、航空や鉄道などの運輸業は観光業と言っていいかもしれないが、首都圏の私鉄で沿線に著名な観光地を持たない相模《さがみ》鉄道（横浜駅があるが、横浜市の観光地はみなとみらいや中華街、山手など少し離れているので）や新京成《けいせい》電鉄などを同じように考えてよいかは微妙である。あるいはコンビニエンスストアを統計に入れている資料もあるが、観光地のコンビニと一般的な住宅地のコンビニを一律に観光業に入れるとしたら違和感を持つ人も多いだろう。

一方で、産業別の統計では、観光業には含まれない農業や漁業も、観光客が味わう食材を提供しているという意味では、立派な観光関連産業である。「観光は裾野の広い産業」と言われるが、生活者と観光客の線引きが難しいため、統計の数字をそのまま鵜呑みにすることは危険である。そもそもの「訪日外国人数」も、当然ビジネス目的の出張者を含んでいる。彼らは出張先で電車やタクシーに乗るし飲食もする。その意味では出張者も観光に寄与していると言えるが、統計を見るときにはこうした数字に表れない実状への想像力が必要だ。

ランキングの最上位群には入っていないが、他にも一般に観光立国と考えられている国はいくつもある。

ペルーは、国際観光客数が2019年の統計でなんと64位。437・2万人に過ぎず、ラオスやミャンマーと同程度である。しかし、ペルーを観光立国と見なす資料を目にすることは多い。「天空の城」の異名を持つマチュピチュとその玄関口であるクスコ、今なお謎多きナスカの地上絵、船が航行できる最高所の湖沼であるチチカカ湖など、世界的に名高い観光資源が多く、第一次、第二次産業で外貨を稼げる分野が少ないことなどが「観光立国」と呼ばれる理由であろう。

観光立国とは、言い換えれば「観光に頼らざるを得ない国」というニュアンスも含まれる。その意味では、国際観光客数34位のエジプトや78位のマルタなども観光立国と言えるかもしれない。そしてかつては製造業で世界を席巻した日本も、家電、半導体、鉄鋼、造船などで世界シェアを次々と奪われた現状を見ると、「観光に頼らざるを得ない国」として観光立国を掲げている国の一つのように見えてしまう。観光立国という言葉を使う場合、ポジティブな意味だけでなく、「観光にしか頼れない」というニュアンスが決して小さくないことをわかったうえで使う必要がある。

マチュピチュ遺跡（ペルー）

このように「観光立国」とは、実は明確な定義が難しい。観光業のウエイトが高いといった数的な裏付けと、著名な観光地に多くの観光客が訪れているというイメージが相まって、「観光立国」が形作られていると言えるのである。

日本へのインバウンド　コロナ禍を経て順調に復活

以上の「観光立国」の状況を踏まえた上で、日本のインバウンドの状況を詳しく追っていこう。まず、基本的なデータを押さえたい。

コロナ禍で徹底的に打ちのめされた海外から日本への観光、すなわちインバウンドは、2021年には24・6万人にまで落ち込んだが、2023年には2506万人とかなりの回復を見た。コロナ前の2019年が3188万人だったので、8割がた回復したことになる。これは2016年の数字に近い。しかも訪日客を国・地域別にみると、すでに2019年を上回った国がある。

一番の増加率を見せたのはメキシコで、2019年7万1700人が2023年9万4700人と、32％も伸びている。メキシコは2023年現在、人口が1億2303万人（IMF推計値）、経済成長率もここ数年3～4％と堅調である。人口は、2019年には日本を抜き、その差はさらに開きつつある。日本との間に1日2便、ANAとアエロメヒコが直行

図表２　地域別訪日客数
（2023年、日本政府観光局集計）

国・地域	訪日客数（人）	2019年比増減率
韓　国	6,958,500	24.6％
台　湾	4,202,400	−14.1％
中　国	2,425,000	−74.7％
香　港	2,114,400	−7.7％
アメリカ	2,045,900	18.7％
タ　イ	995,500	−24.5％
フィリピン	622,300	1.5％
オーストラリア	613,100	−1.4％
シンガポール	591,300	20.1％
ベトナム	573,900	15.9％
インドネシア	429,400	4.0％
カナダ	425,900	13.5％
マレーシア	415,700	−17.1％
・・・		
メキシコ	94,700	32.0％
中東地域	109,600	15.2％

※人数の多い順の13の国・地域とメキシコ・中東地域を記載

便を飛ばしている。

次に増加率が高いのは、５５８万４６００人→６９５万８５００人で24・６％増加した韓国である。これは２０１９年の中国人訪日客数の７割を超える数字で、国・地域別に見た数も、２位の台湾を大きく引き離してトップである。純増１３７万人ほどであり、２０２３年のインバウンド回復は韓国の寄与がきわめて大きいということがわかる。

ただし、これには少しからくりがある。２０１９年、日本政府は韓国をいわゆる「ホワイト国」（安全保障上の輸出管理で優遇を受けられる国）の対象から外し、実質的な輸出規制に踏み切った。そのため、韓国では日本製品の不買運動などが広がり、それが訪日客の伸び悩みにつながったと考えられる。筆者はたまたま同年8月にソウルを訪れたが、「BOYCOTT JAPAN」と書かれた大きな看板を市内中心部で見かけた。この2019年と比較しているので、「増加率」が反動で高くなっていると考えられる。

韓国からの増加にはもう一つ理由がある。それは、LCC（格安航空会社）の隆盛である。日本と韓国を結ぶ航空路線には、もちろん、JAL、ANA、大韓航空、アシアナ航空といった大手の航空会社（FSC＝Full Service Carrier）もあるが、現在、割合としてはチェジュ航空、ジンエアー、エアプサン、エアソウル、ティーウェイ航空などの韓国のLCCのウエイトが高く、復活したLCCが訪日客の受け皿となっている。

次に増加率が高いのはシンガポールの20・1％で、49万2300人から59万1300人となっている。シンガポールの人口はおよそ592万人（2023年6月）なので、1人1回来日したとすると、人口の1割、10人に1人が日本にやってきたことになる。考えてみればものすごい数字である。1年間で日本人の1割が特定の国に渡航するという事態を想定できるだろうか？

次がアメリカで18・7％（172万3900人→204万5900人）、総数では韓国、台湾、中国、香港に次いで第5位である。日米間の航空路線もコロナ禍前の水準にほぼ近づいているうえ、JALの子会社であるZIPAIRという新興LCCが日本からアメリカ4都市（ホノルル、ロサンゼルス、サンノゼ、サンフランシスコ）に2021年以降定期便を飛ばしていることも増加に貢献していそうだ。

続いて、ベトナムで15・9％（49万5100人→57万3900人）、カナダ13・5％（37万5300人→42万5900人）で、ここまでが10％以上訪日客が増加したところである。完全にコロナ前を上回っているわけである。そのほか、国別ではなく地域まとめてであるが、中東が15・2％（9万5200人→10万9600人）と地味ながら着実に数字を伸ばしている。

こうした回復傾向は2024年も続いており、1〜6月の入国者数は1778万人と過去最高、年間で3500万人が視野に入ってきた。

インバウンドが回復しない国々

一方で減少の最たる要因と言ってよいのは、もちろん、中国である。コロナ前と比べた回復率はマイナス74・7％（959万4400人→242万5000人）、つまり4分の1にとどまっている。続いて、ウクライナ侵攻で日本との関係が悪化したロシアがマイナス65・0％

（12万0000人→4万2000人）の減少率である。日本とロシアを直接結ぶ航空便は2024年5月現在1本も飛んでおらず、そもそも日本と欧州を結ぶ航空機は、主要ルートであったシベリア上空を飛ぶことすらできない状況が続いている。実は、コロナにより実質的な渡航禁止となった2020年春には、成田空港と極東のウラジオストクを結ぶ新たな直行便が就航したが、すぐに運航停止となった。仮にウクライナ戦争が終結しても、すぐにロシアからのインバウンドが戻ることは考えにくい状況である。

ほかにイギリス、フランス、マレーシア、台湾、スペイン、そして北欧諸国が10％以上減らしている国・地域である。ヨーロッパ諸国の場合、猛烈な物価高や先述の航空ルートの遠回りにより、運賃も所要時間も増加していることが関係しているだろう。

これらの数字を円グラフに置き換えてみると、中国の減少と韓国の増加がやはり目立つ（図表3）。中国の減少は団体旅行が2023年8月まで解禁されなかったことや、福島第一原発の処理水の放出に国として反対し、関係が良好とは言えない時期だったことも一因だろう。

図表3　地域別訪日客数

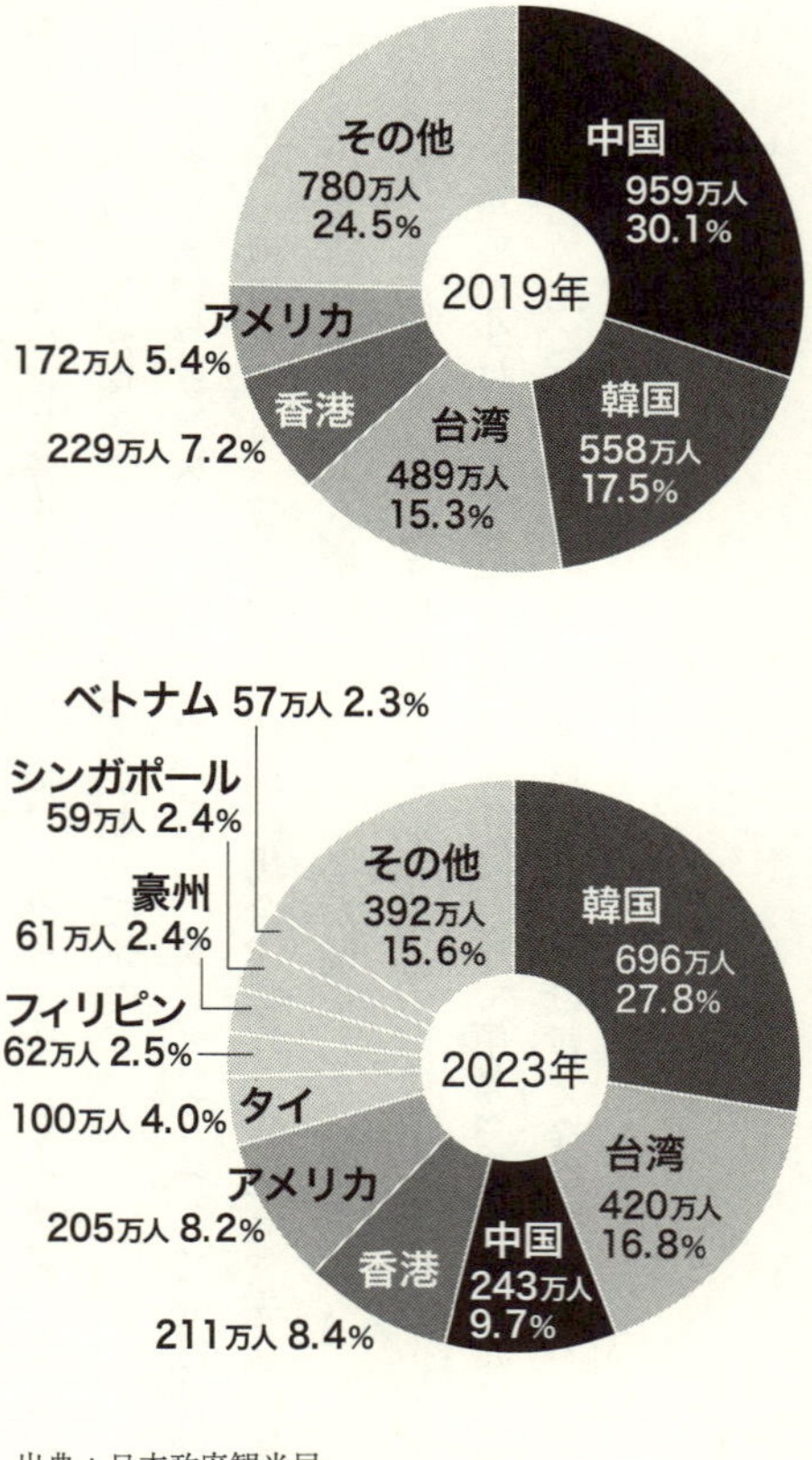

出典：日本政府観光局

中国からのインバウンドは戻る？

国の施策が大きく影響するため予想を立てるのは難しいが、日本へのインバウンド、言い換えれば観光立国の成否のカギを握っているのは、中国の動向である。

２０２４年2月の春節シーズンには、中国人の個人旅行での来訪者が大きく増加したが、それでも訪日客数はおよそ45万９５００人と２０１９年の６割程度にとどまり、長期休暇も追い風にはならなかった。

もともと中国は膨大な人口を抱えている。農村部でも経済力が高まり、海外旅行に行けるだけの中間層が増加すれば、さらにインバウンドは劇的に増えることが予測されていた。しかし、不動産バブルの崩壊などによる経済不振やそれに伴う若者の就職難などに加え、人口減少が始まっている現状からは、再び訪日客が増加するという楽観的な予想は立てにくい。勤務先の大学に大勢来ている留学生に聞いても、中国での就職は極めて難しいとか、給与が下がり続けているといった悲観的な話が多い。

他方、東南アジア諸国、具体的にはタイやマレーシア、シンガポールでは、中国人の短期滞在者に対してビザ免除を行ったため、そちらに中国からの観光客が流れたとも考えられる。中国の旅行会社は、日本渡航の伸び悩みとして福島第一原発の処理水の海洋放出や能登半島地震などの影響も指摘している。

他の国からの訪日客増加が見込めれば、中国に頼らなくてもインバウンドはさらに伸びるとも考えられる。だが、いずれにせよ、これまでインバウンドを支えた国（２０１９年では

30%を占める）の動向は、観光立国の成否を大きく左右する。中国の経済低迷は、デフレの進行や消費性向の低下にもつながり、海外渡航にお金を使う状況には簡単に戻れない恐れもある。

とはいえ、2024年に入ると、中国からの訪日客はかなり回復しており、上半期（1～6月）には台湾を上回るまでに伸びている。政治・経済両面の影響を受けやすい国だけに距離感がつかみづらい状態が続きそうだ。

人口世界一となったインドは？

2023年4月、国連はインドが同年半ばにこれまで世界一の人口を維持してきた中国を抜くという予測を発表した。経済力も右肩上がりで伸び続けている。日本に働きにやってくるインド人も多く、前述のように東京・江戸川区の西葛西はリトル・インディアとなって久しい。

しかし、インドから日本へのインバウンドはこれまでそれほど多くなく、コロナ禍前の訪日客は、2019年でおよそ17万5900人と、インドネシアやマレーシアからよりも少ない。インドは失業率も物価上昇率も日本よりはるかに高いので、円安傾向が続くとはいえ、訪日客がコロナ前の中国ほどすぐには増えそうにない。加えて、インド人は食に保守的で、人口の4割ほどがベジタリアンだと言われている。日本で寿司やラーメン、焼き肉などを楽しめる人は限られるだろう。

インドから日本への直行便は永らくデリーとムンバイに限られていたが、コロナ禍の直前に、ＪＡＬはベンガルール、ＡＮＡはチェンナイとどちらもＩＴ産業の発展著しい南インドへの直行便を飛ばし始めた。

しかし、コロナで長期運休となり、ベンガルール線は成田から週3便往復で再開したものの、チェンナイ線は休止が続いている（２０２４年6月現在）。もしかしたら近未来は中国ではなくインドが「お得意様」になるかもしれないが、当面はインバウンドを押し上げるほどのインパクトをもたらすことはなさそうだ。

日本が旅行先に選ばれる最大の理由「円安」

日本旅行を満喫している外国人訪日客へのインタビューをテレビ番組などで見ていると、きっかけはアニメだったり、自国で食べた寿司やラーメンなどの日本食だったりする。そして、「本場」の日本食の洗礼を受けて感激する。あるいは、24時間営業で品数豊富なコンビニエンスストアやバラエティ豊かな自動販売機、正確かつ快適な新幹線などの虜《とりこ》になる。こうした様子を見るのは、日本人としても誇らしい気持ちになる。しかし、その陰にはもう少しシビアな面もある。それはいうまでもなく「円安」の影響である。

コロナ前、2019年との為替レートを確認する。1米ドルは同年3月の約111円から、159円（2024年6月）となった。30・2％の円安である。アメリカからの旅行者は、これまで1110円の商品を10ドルで買っていたが、今なら6ドル98セント程度で買える。しかも、同じものを（もしあればだが）アメリカで買おうとすると、20〜30ドル程度する可能性が高い。もし、たくさんあっても困らない商品なら、1個で我慢していたものを3〜4個は買える。交通費や宿泊費も同様である。

為替レートの変化は、米ドルだけでなく、ユーロが同時期の比較で125〜126円→170円、シンガポールドルが80円→118円、韓国ウォンが0・10円→0・11〜0・12円と、韓国は少し穏やかだが、他の通貨でも同様の円安を記録している。

国際的な価格比較でよく引き合いに出されるビッグマック指数（世界規模で展開しているマクドナルドのビッグマックの価格を比較することで、各国の物価や経済力を知るための指標）では、2024年1月の価格が日本は3・04米ドルとなっている。これは韓国4・11ドル、タイ

3・78ドルに大きく水をあけられている。日本に近いのはベトナムの3・01ドルである。

中国は日本より高く（3・47ドル）、永らく欧州の最貧国グループとして知られていたルーマニアでも日本より高い（3・42ドル）。中東諸国やラテンアメリカの国々よりもマックの商品が安く食べられるのは、ここで暮らす私たちには一見朗報に聞こえる。しかし、私たちは日本の物価に慣れきっていて、ビッグマックを「安い！」と思う人はあまりいない。いまや日本は、欧米はもちろん、東南アジア、中東、ラテンアメリカよりも「安い」国に成り下がってしまっている。必ずしも日本が魅力的だからインバウンドで賑わっているわけではなく、もし今度為替レートが大きく円高に振れたらどうなるのか。様々なシミュレーションをしておく必要がある。

オーストラリアのビッグマックの価格

ちなみにこのビッグマック指数は、ある時点での価格に基づくものなので、実際にはさらに格差が開いているケースもある。2024年3月にオーストラリアを訪れたとき、実際にマクドナルドの店頭を覗いてみた。第2の都市メルボルンの中心街にある店舗では、ビッグマック単品が12・85豪ドルという表示であった。この時の豪日の為替レートが、1豪ドル97～98円だったので、日本円でおよそ1285円ということになる。帰国して早速近所のマクドナルドに出かけて価格を確かめてみると480円（税込み）であった。オーストラリアのビッグマックは、円安の状況でおよそ2・7倍。ビッグマック指数のデータでは、オーストラリア770円、日本450円となっているので1・71倍。実際には、データよりもさらに大きな物価の差が生じているのである。

メルボルンでは「DAISO JAPAN」という店にも足を運んだ。そう、100円ショップの代表格のダイソーである。ここでは基本（最低）価格が3豪ドルであった。約300円である。やはり3倍近い価格差があるようだ。この感覚でオーストラリア人が日本に来たらさぞかし安く感じるであろう。

第三章　メディアが増幅する観光

メディアと観光の密な関係

筆者は大学で「観光メディアリテラシー」という科目を担当している。放送局で番組を作っていただけでなく、メディアを研究対象として、当時からメディアに関する論説などを書いてきた経歴があるからである。

「メディアリテラシー」といえば、従来はマスメディアからの情報を鵜呑みにせず、どう批判的に読み解くか？　ということを主として学ぶ学問だった。しかし近年のネットメディアやSNSの隆盛で、個人でも情報発信ができてしまうインターネット上の玉石混淆《ぎょくせきこんこう》の情報とどのように付き合うかといった内容に変容してきた。

そして、観光とメディアの関係も同様に変化しつつある。かつては、紙のガイドブックや旅行会社が作成するツアーパンフレット、そしてテレビの紀行番組などが観光の動機、あるいは道しるべになっていたが、今では行き先を探すのにも美味しいグルメを見つけるのにも、ブログやインスタグラム、X（旧ツイッター）など、個人が発する情報のウエイトが高まっている。こうした背景の中、「観光」がメディアでどう消費されたり、イメージ化されたりするのか、いま一度確認しておきたい。

まずは身近なメディアとして、テレビを取り上げる。テレビの存在感は以前よりもかなり小さくなっているが、インターネットでの検索ランキングやリアルタイムの注目キーワードでは、いまだにテレビの情報番組やドラマの内容がランキングの上位に位置することが多い。テレビが発信する情報は、インターネットにしか接していないという人にも一定の影響を及ぼしているという証左である。

日本の地上波のテレビでは、朝の放送が始まる5時前後からいわゆるゴールデンタイムが始まる夜の7時まで、東京のキー局も地方のローカル局も、ほとんどがニュース・情報番組で占められている。テレビ東京とＮＨＫのＥテレだけは例外で、多くの時間帯で収録済みの番組を放送しているが、ＮＨＫ総合も平日午後の放送の大部分を２０２４年４月から「ナマ化」したし、残りの4局、日本テレビ、TBS、テレビ朝日、フジテレビは、その長時間をほとんど生の情報番組で埋めている。

ここで取り上げられるのは、硬派であれば政治や事件、ソフト路線であれば芸能、グルメ、生活情報などが中心だが、硬軟どちらの番組でもコロナ明けからほぼ毎日のように取り上げられているのが、「外国人旅行者が日本のどんなところに行き、何を買い、何に感動しているか」というようなインバウンド情報、もっといえばインバウンドによる日本礼賛である。

テレビのインバウンド報道

以上を具体的に確認するため、2024年に入って、インバウンドに関するテレビ、特にニュースショーなどの番組でどのような取り上げ方がされたかを概観してみる。1月中旬からの約1か月の番組で最も多いのが、「外国人が日本で何を買ったか?」「いくら使ったか?」そして「外国人がこんな穴場を訪れている!」といったテーマを取り上げたものである。

- 1月18日　TBS「Nスタ」外国人が買う意外なニッポン土産
- 1月31日　TBS「Nスタ」春節旅行　岐阜県が人気　お土産は包丁

・2月1日　日本テレビ「ZIP！」外国人観光客　日本でいくら使った？
・2月2日　日本テレビ「ZIP！」進化するスキー場　外国人に人気の理由
・2月6日　フジテレビ「イット！」青森に中国人観光客が殺到
・2月7日　日本テレビ「news every.」外国人が満喫する日本の冬
・2月9日　テレビ朝日「羽鳥慎一モーニングショー」外国人に岐阜県が人気
・2月9日　テレビ東京「WBS」百貨店　春節狙い新戦略
・2月11日　テレビ朝日「サンデーステーション」春節インバウンドで各地賑わう
・2月12日　TBS「ひるおび」春節で中国人大移動開始　人気の旅行先は日本
・2月14日　テレビ朝日「羽鳥慎一モーニングショー」春節日本グルメ殺到
・2月15日　TBS「Nスタ」インバウンドの財布は？

などである。

それらの番組に共通している内容がいくつかある。一つ目は、「外国人はこんなにも日本が好きで、日本での体験が好印象で来てよかったと満足している」ということ。二つ目は「日本人があまり知らないところに外国人がやってきて、私たちにあらためて日本の良さを知らせてくれる」ということ。そして三つ目であり、総体としてのメッセージは、「日本にこんなに多くの外国人観光客が来て喜んでいる。日本は外国人観光客のおかげで各地が元気になっている。もっとあちこち行ってほしい」という、「インバウンド礼賛」、つまり経済効果への期待である。

こののち、大型連休のころからは、観光客が来すぎていることなど、オーバーツーリズムの状況を問題視する特集が一気に増えたが、それらの番組でも「だから外国人は来るな！」ではなく、「早朝や夜の時間帯のおもてなしの充実や地方への分散を図るなどして観光客の集中を防ぎましょう」という、なんとなく丸く収める型の結論になっている。筆者自身もそうした番組に専門家として呼ばれて、なんとなく無言の圧を感じながら、無難なコメントでまとめたりしている。

こうした番組を見た視聴者も、外国人を通じて日本のおもてなしの素晴らしさや日本の飲食物のバラエティの豊富さやおいしさをあらためて確認して、「日本に生まれて良かった」と思い込まされる。そして、「日本に来てみたけれど、期待以下だった。料理もおいしくなかった」という声はほとんど放送されない。そもそも喜んでいそうな人を選んでインタビューしているし、仮に否定的な声があったとしても編集で落とされる可能性が高いだろう。番組の趣旨に合わないからだ。

こうした特集が多い理由は、「日本を褒めている分には、視聴者も含め誰も傷つかない」「外国人が訪れるところにカメラを据えれば簡単に絵が撮れる」といった、お手軽で視聴者に喜ばれるという要素が大きいように思われる。あるいはもっとうがった見方をすれば、こうした報道はインバウンドを推奨する政府から見ても「覚えがめでたい」内容であり、放送局の上層部も安心できるという理由もありそうだ。

もちろん、オーバーツーリズムについての企画も様々な動きが広がるにつれて増えてきている。しかし、政府も対策が必要であるとして、2023年の秋ごろから検討を進めているので、そこも対政府という点では問題はない。そして、こうした企画はテレビにとどまらず、ヤフーニュースなどのニュースサイトにも転載されて、インターネットでも拡散されていく。私たちは知らず知らずのうちに、インバウンドが日本にやってきて楽しんだりお金を使ったりするのを「肯定的」に受け入れる素地を刷り込まれているとも言える。

一面的な報道がもたらすもの

こうした、いわば日本を持ち上げる報道が集中するのは、インバウンドの話題だけではない。スポーツや文化などの分野で日本人が活躍する際も、それに似た状況が生じる。

典型的なのは、オリンピックやサッカーのワールドカップなどで、日本代表チームが出場し活躍するようなケースで、毎回のように目にする光景である。スポーツで国民が一体となって母国の選手やチームの活躍を応援することは、どこの国でもあるだろう。とはいえ、日本では自国へのこだわりがかなり強いことは、メディア研究の分野でも、また筆者がNHK勤務時代に接した海外のメディアの様子からも痛感する。

もちろん、それは一概に悪いことではない。しかしほぼ一色の報道は、その背後にある課題を覆い隠すこともあるので、見る側は注意が必要だ。例えば、オリンピックで日本選手の活躍が取り上げられるのを見続けると、いつの間にかオリンピックを無意識に肯定的に見てしまう。特に大手メディアは放送権の購入やスポンサーとしてイベントに出資する立場なので、2021年に開催された東京五輪で露呈したような、当初予算に比して実施費用が大幅に増加したり、スポンサー選定などで汚職が発覚するといったオリンピック自体がもつ課題に切り込みにくい。また、筆者の専門分野である「世界遺産」についても、登録には多くの税金がつぎ込まれていたり、その背後に様々な国や自治体の思惑が渦巻いていたりするが、メディアのほとんどは世界遺産の登録運動や登録そのものを肯定的に伝える。

2023年に2回目のMVPを獲得するなど米大リーグで大活躍している大谷翔平選手は、その後の移籍と高額な契約金、結婚、通訳の不祥事と話題を提供し続けたこともあり、ワイドショーでは今も多くの時間を割いて伝えられている。オリンピックも大谷選手も、興味がないとか、好きではないとかは言い出しにくい雰囲気まで醸成されていると言える。インバウンド礼賛の報道にも同様の危うさがあり、こうした課題については、むしろ、ネット空間の方が健全な場合もある。「観光」が持つデメリットについても、マスメディアでは、インバウンドの増加に対して正面から否定的な意見はあまり聞かれないが、ネットでは行政や業界が進める観光振興策に対して、堂々と批判的な意見を見ることができる。

マスメディアの情報だけを頼りにしていると、私たちは知らず知らずのうちに、一方的な考え方に染まりかねないことを知っておく必要があるだろう。

データはうそをつく?

2023年9月、ちょっと不思議な特集がNHK総合の『クローズアップ現代』(月~水夜7時30~57分)で放送された。付されたタイトルは、「ニッポンの新名所!? 訪日外国人数伸び率トップ100市町村」である。

これは、『クロ現』のスタッフが、「ナビタイムジャパン」という企業に、同社が訪日外国人向けに展開するアプリ「ジャパントラベル・バイ・ナビタイム」のデータ分析を依頼、コロナ前の2019年と2023年を比較（1月から5月まで）し、市町村別の外国人訪問数伸び率の集計から、「決してメジャーな観光地とは言えない市町村がランクインしている」ことを伝える内容であった。もう少し具体的に言えば、この会社が運営する訪日外国人向けナビゲーションアプリ「NAVITIME for Japan Travel」で収集した「インバウンドGPS」データを個人を特定しない形に加工した上で、訪日客の行動や滞在を分析し、上記期間の外国人観光客の増加率の多い順にランキングし、番組で紹介したものである。

このデータによると、この時期の増加率のトップ5は、第1位が北海道当別町《とうべつちょう》の70・6倍、続いて山形県高畠町《たかはたまち》64・0倍、茨城県北茨城市50・6倍、秋田県能代市《のしろ》30・5倍、新潟県見附市《みつけ》28・3倍となっている。この中にいわゆるメジャーな観光地は入っていない。このデータは更新されていて、3か月分を加えた同年の1～8月の数字も見られるが、それによると三重県南伊勢町《みなみいせちょう》79・8倍、高畠町49・8倍、福島県双葉町《ふたばまち》48・5倍、福島県浪江町《なみえまち》48・2倍、埼玉県東秩父村《ひがしちちぶ》47・1倍とたった3か月で大幅に自治体が入れ替わっている。5つの自治体のうち残ったのは1つだけである。

番組では、トップ10に入った自治体について、その一部をピックアップして、「ついでに立ち寄り型」（当別町）、「地元文化満喫型」（能代市）などと分類して外国人が急増した理由を紹介していたが、かなりこじつけているようで見ているこちらが苦しかった。テレビカメラが現地を訪れても、外国人が殺到しているわけではないし、地元の自治体職員にインタビューしても明確にその理由を答えられているわけでもない。

例えば当別町は2023年8月に北海道土産の定番の一つ「ロイズ」の体験型見学施設がオープンしたため、2022年11月からのプレオープン時に外国人が訪れていたことが理由となっているが、町内に外国人があふれている映像は全くなかった。また、「ロイズ」のチョコレートは多くの日本人が知っているし、近くを走るJRの路線に「ロイズタウン駅」ができて話題になったので、「日本人が知らない」と断定するのは、さすがにこじつけであろう。

なんとかランクインした理由をつけられる自治体もあるが、例えば10位に入っている愛知県扶桑《ふそう》町《ちょう》には全く触れられていない。扶桑町は筆者の故郷に近いので付近の状況も把握しているが、外国人がコロナ前の何十倍も押し寄せているという話は聞かない。これは統計のマジックで、2019年の1～5月に例えば仮に5人しか外国人が来ておらず、2023年の同期間に132人が来ていれば26・4倍（番組で紹介された倍率）になる。しかもこの1

32人はアプリを入れた外国人のGPSのデータなので、本当に観光客かどうかもわからない。仮に何かの研修で50人のグループが来たりすれば、数字は一気に増える。

もちろん、東京や京都などのゴールデンルートだけではなく、地方の小さな街にも外国人が来るようになったことは間違いないが、このデータをそのまま鵜呑みにして、個別の市町村の「魅力」を分析するのは、科学的な手法とはいえなそうだ。

しかもそれをNHKの看板番組が放送していることには、違和感を覚えざるを得なかった。筆者は、以前NHKに勤務し、『クローズアップ現代』も何本か制作したことがあるので、この番組を頭ごなしに否定するつもりはないが、「日本人も気づいていない地方の良さを外国人が愛でている」という仮定のストーリーにデータが都合よく使われているようにも見える。たった3か月分のデータを加えただけで、順位が大幅に入れ替わることは、上位にランクインした自治体の2019年のデータ量がきわめて少ないことを意味している。メディアの報道をそのまま受け入れてよいのかどうか、考えさせられる内容であった。

盛岡市と山口市に集まる注目

これと近い文脈で2023年と2024年に注目が集まった地方都市が二つある。202

3年は岩手県の県庁所在地盛岡市、2024年は山口県の県庁所在地山口市である。

この両都市は、その年に発表される、ニューヨークタイムズが選ぶ「今年行くべき52の場所」の上位にランクされて日本のメディアでも大きく取り上げられた。おそらく多くの日本人が多少なりとも違和感を抱いたことだろう。逆説的には、だからこそニュースバリューがあったとも言える。これが京都市や札幌市だったら、盛岡市や山口市ほどメディアでは取り上げられなかっただろう。

筆者はNHK勤務時代の初任地が山口市で、4年間実際に住んでいた。山口市が地味ながら魅力ある都市であることに異論はない。また、仙台市にも住んでいたので、盛岡市にも数えきれないほど足を運んだ。岩手富士の雄姿と北上川《きたかみ》の清流が魅力の歴史あふれる都市であることに、こちらも異論はない。しかし、世界に無数にある地域の中で、本当にその年に行くべき場所なのか？　そもそも誰がどのような基準で選んでいるのか？　という疑問が当然ながら湧き上がる。

種を明かせば、盛岡市も山口市も日本在住の作家・写真家、クレイグ・モドさんがニューヨークタイムズからの「今年行くべき52の場所（52 Places to Go in 2023/2024）」の推薦依頼に応えたレポートがもとになり、ランキングの上位に入ったという経緯がある。

２０２３年は、チャールズ新国王の戴冠式のあったロンドンに次いで盛岡市が第2位、２０２４年は、山口市が第3位に入った。順位について編集デスクのスティーブン・ヒルナー氏は、「数字は、厳密には順位を意図したものではない。ただし、リストの中でどこを上位に表示するかについては多少考慮している」と答えている。

上／盛岡市を代表する洋館、岩手銀行赤レンガ館
下／旧山口県庁舎（ともに国の重要文化財）

また、モドさんは、東京や京都のような有名どころではなく、あえて地方都市を選んだとしているし、山口市の推薦文には、「京都のようなオーバーツーリズムがかなり少ない」とも記している。モドさんの目のつけどころはとてもいいとは思うが、両都市が選ばれたのは、一人の作家がたまたま実際に歩いて市民と交流し、好印象を持ったがために選ばれたにすぎない。もちろん、日本

の地方都市が選出されたのはうれしいことではあるが、それでも素直に「外国から評価された」とお墨付きのようにありがたがる風潮には多少の違和感がある。

例えば、2024年に山口市より上位に入ったのは、「今年」皆既日食《かいき》が見られた北アメリカの一帯と、やはり「今年」夏のオリンピックが開かれるパリ。たしかに2024年に行く理由が明確である。しかし山口市は、推薦文で絶賛された市のシンボル、瑠璃光寺《るりこうじ》の五重塔が修復中で、「今年」はその美しい姿を見ることができない。修復が完成する「2年後に行くべき」場所のはずである。

「世界が認めた」に弱い日本人

さらに、「世界が認めた」とか「アメリカ全体」が認めたように報道されるのも少々気になる。

ニューヨークタイムズは、全国紙が存在しないアメリカにおいては一地方紙である。「紙」の読者はニューヨーク周辺にしかいない。例えば首都ワシントンでは、ワシントンポストが読まれている。もちろん、ニューヨークタイムズはアメリカを代表するクオリティペーパーであるし、新聞の需要が紙からWEBに移ってからは実質全国紙のようなステータスになった。小規模な地方紙から始まるアメリカのジャーナリスト人生の最後の到達点の一つがニューヨークタイムズである。だが、少し意地悪な見方をすれば、その程度のランキングを、さも「世界」から重要なお墨付きを得たように報道して盛り上がるのもどうかと思わないではない。

ちなみに、この紹介により外国人が増えているのであれば、『クロ現』で取り上げられた「トップ100」に盛岡市が入っていてもおかしくないはずだが、実は岩手県でランクインしているところは4市町。しかも、盛岡市ではなく、24位大槌町《おおつちちょう》　26位西和賀町《にしわがまち》、66位奥州市、98位一戸町《いちのへまち》、となっていて、ニューヨークタイムズのランキングの効果はナビタイムの分析による順位に全く反映されていないことになる。

ニューヨークタイムズのランキングを貶《おとし》めるつもりはないが、ことインバウンド絡みになると、疑いなくそれを絶対視して報道する姿勢は気になってしまう。もう少し批判精神があってもよいし、データのとり方や扱いに関して冷静になってもよいのではないか。「観光立国」にプラスになるような話題を無批判に報道してしまうこと、そして私たちもそれを真に受けてしまうことを、一度立ち止まって考えてもよいのかもしれない。

盛岡市では、突然行くべき観光地に名前が浮上したため何の準備もしておらず、市としてすぐに対応できなかったり、紹介された喫茶店は休みが多く、せっかく観光客が来ても中に入れなかったりしたことが多かったという話を聞いた。

スマホが変えた観光のありよう

日々の通勤の車内でも、都内の各地で出会う外国人観光客も、ほとんどの人がスマホに見入っている光景は、今では何の違和感もなく受け止められるようになった。スマホが21世紀の新しいメディアだとすれば、その普及のスピードは、従来にはない驚異的な速さと言わざるを得ない。そして、この手のひらに収まる装置は、観光のあり方を根本的に変えつつある。

ガイドブックなどで紹介されて徐々に訪れる人が増え、観光地として定着していった時代とは違い、現在ではたまたまインスタグラムやユーチューブに投稿された画像や動画によって、ひとたび人気に火がつけばその内容はたちどころに国境を越えて広まり、同じ写真や動画を撮りたい人が、受け入れ態勢が整っていようがいまいが殺到する。映画『ザ・ファーストスラムダンク』によって聖地となった神奈川県鎌倉市の「江ノ島電鉄鎌倉高校前駅」近くの踏切や、富士山との写真が撮れる、山梨県富士河口湖町の「ローソン河口湖駅前店」は、ともに2023年から24年にかけて、大勢のインバウンドの来訪で地元が混乱に陥った。

どちらも現地に足を運んでみたが、来訪者のほぼ全員がスマホで写真を撮るのに興じていた。千葉県浦安《うらやす》市の東京ディズニーリゾートも、近年、別の意味で「スマホ漬け」と言ってよい状況になっている。入場するのも、アトラクションを予約するのも、良い場所でパレードを楽しむのも、レストランの席を確保するのも、さらには、一部ではあるがお土産の購入にもアプリで整理券を取る必要がある。入場者のほとんどがまるで強迫観念にとらわれるように常にスマホに向き合っている状況は、ある意味異常である。そしてスマホを駆使できない人は、ほぼ置いてけぼりになってしまう。日常から離れるために「夢の国」を訪れているはずなのに、その夢の実現のために道具に振り回されている様子は、見方を変えれば滑稽にさえ映る。

テレビなどオールドメディアが古い価値観から抜けられない一方で、令和の生活に欠かせない最新のツールが、実は観光のありようを「支配」して観光客の行動をゆがめてしまっているかもしれないことは、果たして健全なのだろうか？　便利さと引き換えに、私たちはスマホなしでは観光ができなくなっている現状について、あらためて立ち止まって考えてもよいのではないか。そんなことまで思わせる昨今の観光メディア事情である。

第四章　海外旅行をしなくなった国でも「観光立国」なのか

遅れる日本人の海外渡航の回復

「観光立国」がインバウンドの多さやその国における観光の位置づけに依っていることは、第二章で述べた通りである。

しかし筆者は、自国民の国内観光客の動向も重要だと考える立場である。なぜならインバウンド観光の消費額よりも日本人の国内観光の消費額の方が圧倒的に多いからである。そして一見関係ないように見えるアウトバウンド、つまり日本から海外への出国者数も、実は「観光立国」に大きくかかわっていると感じている。本章では、この点について考察したい。

コロナ前の2019年と比較してかなり回復の動きがみられている海外からの入国者数と

比べて、２０２３年の日本からの出国者数は、２００８万人から９６２万人と大きく減少しており、回復率は47・9％に過ぎない。同年の入国者数の半数以下である。この９６２万人という数字は、昭和から平成に変わった１９８９年（昭和64年・平成元年）の９６６万とほぼ同じである。その後、１９９０年からコロナ直前の２０１９年まで、日本人の海外渡航者数が１０００万人を割ったことはなかった。なお２０２３年の出国先のトップは入国者数のトップと同じ韓国である。

ニュース等では、訪日外国人の数だけが取り上げられるが、今からわずか12年前の２０１２年は、訪日客が年間８３６万人ほどだったのに比べ、日本人の出国者数は１８４９万人と２倍以上になっていた。それが２０１５年に入国者数の方が多くなって逆転、そして２０２３年、ついに訪日客数は出国者数の２倍以上となった。２０１９年のデータでも、まだ訪日客数は出国者数の１・６倍だったので、訪日客の回復に気を取られているうちに、日本は人の出入りで言えば完全に流入オーバーの国になったということである。

もちろん、これは経済的な側面から見れば望ましいことと言える。人の出入りの場合はモノと違って収支が逆になるので、入国者数が多く日本で金を使う人の方が多ければ、「外貨を獲得した」ことになる。「観光立国」という理念が外国から金を呼び込むことを指しているとすれば、それは成功しているといってよいだろう。しかし、中長期的に見てここには多くの課題や懸念が隠されている。

外に目を向けなくなった日本人

２０２３年度、筆者が所属する大学の観光学部では4種類の「海外研修」の授業が用意されていた。それぞれ、韓国、台湾、珠江《しゅこう》デルタ（中国広東《カントン》省、香港、マカオ）、ハワイでの研修である。

しかし、授業として成立したのは韓国だけであった。他は学生が最低履修人員に満たなかったのである。約3年間、高校時代も含め、現在の大学生は海外へ渡航する機会をコロナ禍で奪われた。海外研修や海外留学はそうした学生に対しても、本学部のカリキュラム上売りの授業である。当然、渡航を我慢していた学生が我も我もと履修してくれるはずだと思っていた。しかし、蓋《ふた》を開けてみると実際は全く違っていた。

自分のゼミ生を中心に、学生たちにそのあたりの事情を詳しく聞いてみた。まず多いのが、渡航費用の問題である。学生の多くは自分の学費や生活費の一部、もしくはかなりの部分をアルバイトで賄っている。奨学金を得ている学生も少なくない。彼らにとって、本当は行ってみたい海外研修の費用は予算オーバーなのである。2022年度のハワイ研修はなんとかぎりぎりで催行できたが、参加希望者が少なかったため、1人当たりの負担が増し、その費用は60万円あまりだったと聞いている。学生にとって、親を頼ったとしても出費をためらってしまう価格であろう。しかも2023年ごろから顕著になった物価上昇の影響が大きく、国内旅行すら躊躇《ちゅうちょ》するという学生も多い。

もう一つの理由は、もっと深刻だ。「海外に行きたいとは思わない」という声である。大学名に「国際」を冠し、いまや最大のグローバル産業ともいえる「観光」学部に入学して、海外に行きたくないとすれば、いったい何を学ぶのだろう？

このあたりの事情を聞いてみると、コロナ禍により、高校時代に経験できるはずだった海外への修学旅行などが軒並み中止になり、渡航のきっかけを失ってしまったという声が多い。また、経験がないと、パスポートの取得や航空チケットやホテルの予約、現地での移動手段などにも不安が募《つの》る。そもそも外国語が流暢《りゅうちょう》とは言えない学生にとって、言葉の壁も立ちはだかる。旅慣れてしまえば、現地語が話せなくても何とかなるというノウハウを身につけられるはずだが、経験がないと不安になるのは無理からぬところではある。

もちろん、ITやインターネットの発達で、自宅に居ながらにして海外の観光地の動画も見られるし、実践的な英語学習もオンラインなどで可能だ。しかし、現地に赴いて直接海外の雰囲気や空気に触れ、対面で外国人とコミュニケーションを取るのは、きわめて貴重かつ重要な体験のはずである。そうした体験が乏しいと、海外からの観光客を迎える際に、どんなサービスや受け入れをしたらいいのか想像力を働かせにくい。自分が海外に出向いて便利だと思ったり苦労したりした経験は、「観光立国」を標榜《ひょうぼう》するこの国でインバウンドを受け入れる際に大きく役に立つ。自分たちも海外に積極的に出かけて様々な経験をした人が、逆に海外の人を受け入れるときにその体験を活かせる。もし、一方通行になってしまえば、「インバウンドへのおもてなし」は果たして大丈夫なのだろうか？

ただし、念のため申し添えておくと、本学部の他の海外プログラムには、多くはないが一定の参加者はあった。２０２４年度の海外研修も、実施できる授業は増えている。

若者の海外離れについては、他にも様々な理由が語られており、それらが複合的に絡み合っている。円高と昭和バブルの時代には、海外旅行はぐっと身近に感じられ、行き先や購入したブランド品を競い合った。一方、若者の貧乏旅行、例えばアジアやヨーロッパの「放浪」も憧れのスタイルだった。作家沢木耕太郎《さわきこうたろう》氏の『深夜特急』（１９８６〜１９９２年）は、一部の学生のバイブル的存在だったし、海外ガイドブックの定番『地球の歩き方』の〝はしり〟のころ（1979年創刊）には、そこに自分の体験を投稿し、掲載されることがある種のステータスでもあった。こうした学生時代を過ごし、経済的に余裕があり、子育ても一段落した50～60代は、今度は両親などの介護で海外には出られないという声も周囲から聞かれる。中にはペットの介護で身動きができないケースもある。経済的な理由に加えて、自由に海外に行くにはいくつものハードルがあるのが現在の日本の状況である。なお、円安によって海外渡航を断念せざるを得ないケースは、高校の修学旅行にも及んでいる。2019年度に7校の公立高校が海外に出かけた群馬県では、2024年度は1校しか海外へ行かないと報道されている（2024年5月23日、毎日新聞のウェブ記事）。

パスポート保有率は低下の一途

こうした事象をわかりやすく示すデータの一つが、日本人のパスポート保有率である。図表4は、ここ10年ほどの日本人のパスポートの保有率を表したものである。その年の有効旅券の既発行数を人口で割ると算出できる。これを見ると、インバウンドが一気に増加した2010年代でも22～25％の間をほぼ横ばいに推移、おおむね日本人の4人に1人がパスポートを持っていると言って間違いがなかった。

図表４　日本人のパスポート保有率

2012年	23.8%
2013年	24.2%
2014年	24.2%
2015年	23.5%
2016年	23.1%
2017年	22.8%
2018年	23.4%
2019年	23.8%
2020年	21.8%
2021年	19.2%
2022年	17.1%
2023年	17.0%

出典：外務省

　ところがコロナ禍が始まった２０２０年から保有率は低下をはじめ、２０２３年にはおよそ17％に落ち込んだ。日本人の６人に1人しかパスポートを持っていないということになる。また、保有率は都市部と地方で格差が大きく、２０２２年のデータでは、最高の東京都（29・9％）は最低の秋田県（5・8％）の5倍ほどとなっている。

　２０２３年の保有率は前年から下げ止まっているように見える。本来ならコロナ禍で渡航がままならずパスポートの取得を控えた人たちの再取得で、保有率は反転して上がると期待されていたが、そうはならなかった。

　なお、他国のパスポート保有率はデータを取得できる年がまちまちなので比較しづらいが、英国が80％程度、アメリカが50％程度などと、日本に比べて格段に高い。日本はG７の中では最低であるだけでなく、近隣の国・地域と比較しても（韓国が40％程度、台湾が60％程度）かなり低い。

「観光立国」は、海外から人が来てもらえればよいのであって、日本人が海外に行くかどうかは関係がない、むしろパスポートを所有していなければ、旅行は国内に限るので、国内の観光地も潤う。そもそも入国者が出国者より多ければ、「外貨を稼ぐ」という意味ではプラスになるので、歓迎すべき事態だという考え方もあるかもしれない。しかし、筆者は入国者の人数と同じくらいの人が海外に行き、見聞を広め、海外の観光事情も知ってこそ、長期的に「観光立国」を支える下地になると考えている。繰り返しになるが、自身が海外渡航の経験があれば、訪日観光客の気持ちを汲んで接することができる。そもそも海外経験がないと、思考が内向きになりがちで、日本を世界の中に位置づける視点を持ちにくくなる。エネルギーも食料もインターネットのプラットフォームさえも海外に依存する日本で、内向きの人が増えることは望ましいとは言えないだろう。

現在の落ち込みは、コロナ禍の影響なのでいずれ回復するとも考えられるが、前述のように2023年の出国者数はコロナ前の半分程度までしか回復していない。原油高によるサーチャージ（燃料加算）の増加や円安が渡航費を押し上げている一方、賃金の上昇はあるものの、昨今の食費や日用品の値上がりで実質賃金は2023年もマイナスとなっており、海外に行く余裕のある人は経済的な観点からも少なくなっている。

この傾向は当面続くであろうし、海外旅行は一度行けばその魅力に取りつかれ何度も行きたくなる反面、ある年齢まで一度も行かなければ、渡航意欲は高まらないことが想像できる。パスポートが手元にない、だから海外に行こうというモチベーションもない、という悪循環に陥るわけである。

保有率はいずれ戻る？

日本人の渡航者の減少は、国際路線を誘致した地方空港では、路線の存続にも影響しかねない。そのため、特定の空港から出国する日本人に対し、金銭的な補助を始めたり、検討したりしている自治体もある。海外からの誘客は相手国の事情に影響されやすく、外需頼みでは一気に雲散霧消することもありうる。そうなれば、ビジネスなどで路線が必要な層にも影響が及ぶ。とはいえ、こうした補助予算は、訪日客の誘致、あるいは海外からの留学生の誘致などにつぎ込まれる予算に比べれば微々たるものになっている。佐賀県では、九州佐賀国際空港から国際線を利用して渡航する2人以上のグループに1人当たり片道最低1000円を補助する「国際線グループ旅行支援」をコロナ禍以前から実施している。

もちろん、見方を変えれば日本にはまだあまり知られていない場所も多く、かえって海外の観光客にそうした隠れた魅力を教えてもらっているようなメリットもある。日本人ならば海外にばかり目を向けず、日本の良さをもっと知ることも大切だ、という声もあろう。日本の都道府県の正確な位置や県庁所在地もうろ覚えの人が少なくない実情を見ると、「まず国内を知ろうよ！」というのもあながち間違いではない。

しかしながら、日本のパスポートはビザの取得をせずとも入国できる国の数が常にトップクラスで、「世界最強のパスポート」とも言われている。2024年1月に英国のコンサルタント会社ヘンリー・アンド・パートナーズが発表したデータによると、日本のパスポートはシンガポール、仏独西伊の欧州4か国とともに194の国と地域にビザなしで渡航できる。ほぼ世界中どこへでも気軽に行けるパスポートなのに、その強さが十分活かされていない。そして現今の経済状況などを考えると、保有率が再び伸びる可能性はあまりない。世界各地から日本に観光にやってくる人に対し、相手の国のことを体験的に語れない。これで真の観光立国と言えるのだろうか？

ちなみに、2023年5月にJTBが実施したアンケート調査によると、「この先の1年以内に海外旅行に行きたいと思いますか？」という問いに対し、「行きたいと思っていて、具体的に予定・検討している」と「行きたいと思っているが、実施するかどうか迷っている」が合わせて33・2%、「今は行きたくない」が33・4%、「今に限らず行きたくない、興味がない」が33・3%と、ほぼ3分の1ずつとなっている。この結果が2023年の渡航の伸び悩みを裏付けていると言えそうだ。

第五章　「インバウンド富裕層の増加は日本を潤す」は本当か

京都で激増する富裕層向け外資系ホテル

コロナ禍の前にすでにオーバーツーリズムが各地で起きていた反省に立って、アフターコロナでは、メディアだけでなく政府からも「観光客の量より質」というスローガンがよく叫ばれるようになった。

インバウンドに重点を置く目的は、大金を日本で使ってもらうためであり、お金を使わない外国人旅行者がいくら来ても日本は潤わない、大事なのは高額消費をしてくれる観光客、つまり富裕層である、という言説があちこちで聞かれるようになった。２０２４年2月に退任するまで4期にわたって京都市長を務めた門川大作《かどかわだいさく》氏もしばしば、「ラグジュアリーホテルはまだまだ足りない」「富裕層を誘致すべく高級ホテルを優先的に整備している」と述べている。実際、京都市はすでに2017年から、「上質宿泊施設誘致制度」の運用を始めている。

こうした制度を受けて、2020年以降、京都には1泊1人5万円を優に超える高級ホテルが次々と建った。ざっと列挙すると、

2021年9月 ROKU KYOTO, LXR Hotels & Resorts（ヒルトングループ 米国）★
2022年1月 ホテルオークラ京都 岡崎別邸
2022年3月 ダーワ・悠洛《ゆら》 京都（バンヤンツリーグループ シンガポール）★
2022年6月 ギャリア・二条城 京都（バンヤンツリーグループ）★
2023年8月 ダブルツリー by ヒルトン京都東山（ヒルトングループ）★
2023年9月 デュシタニ京都（デュシット・インターナショナル タイ）★
2024年4月 ダブルツリー by ヒルトン京都駅（ヒルトングループ）★
2024年4月 シックスセンシズ京都（インターコンチネンタルホテルズグループ 英国）★
2024年夏 バンヤンツリー・東山 京都（バンヤンツリーグループ）★

2024年未定　リージェント京都（インターコンチネンタルホテルズグループ）★／ヒルトン京都（ヒルトングループ）★

2025〜2026年も高級ホテルの進出は止まらない。「シャングリ・ラ　京都二条城（仮称、シャングリ・ラ　グループ　香港）」「カペラ京都（カペラホテルグループ　シンガポール）」「京都相国寺《しょうこくじ》門前町計画（仮称、ローズウッドホテルグループ　香港）」などが予定されている。

このうち、★のついたホテルは、いわゆる外資系であり、多くがホテル内に充実した設備を持つ。この夏開業したバンヤンツリー・東山　京都はなんと敷地内に能舞台の設備まである。宿泊客の多くは、ここで朝夕食を食べ、バーでグラスを傾け、ホテル内で能を鑑賞する。当然、街中というよりはホテル内での消費が多くなる。そして、外資系のホテルの収益は言うまでもなく、日本ではなく海外の本社へ吸い上げられる。

JR 京都駅近くのデュシタニ京都

もちろん、こうしたホテルも固定資産税を払い、日本人の雇用を生み、日本の食材を仕入れ、京都の業者にリネンなどを依頼するだろうが、「富裕層が来たから日本が潤う」というほどストレートに日本側に「富」が生まれるわけではない。

そのうえ、こうしたラグジュアリーホテルの増加は、私たちに思わぬ影響を与える。それは、そのエリアのホテルの宿泊料金が引き上がるということである。この原稿を書いている2024年2月、週末のビジネスホテルの価格を見ると、例えば京都駅前のアパホテルが1万7000円と表示される。シーズンオフの素泊まりの値段としてはかなり高いと感じる人が多いのではないか。宿泊事業者向けにWEBサービスなどを行うメトロエンジン社の調査では、2024年春の京都市内のホテルの平均価格は、コロナ前の2019年の2万1400円に比べて、5万2900円とおよそ2・5倍にもなっている。

ホテルの値上がりは、観光客が集中しインバウンドも多い東京でも顕著で、総じて高騰している。出張族からは、会社から支給される既定の宿泊費の上限を大きく超えてしまうという嘆きの声もよく聞く。もちろん、2023年以降、スーパーマーケットで売られる食材や日用品の価格も上昇しているし、後述する人材不足で人件費も上がっているので、そうした物価高の影響も小さくない。だが、東京や京都のように富裕層向けのホテルが林立し、宿泊費のレベルが上振れすると、割安なホテルの価格も引っ張られてしまうのである。

多くの日本人が物価の上昇を実感した2023年の消費者物価指数は、前年度比で全体では2・8%の上昇だったが、宿泊費に限って言えば平均で25・5%ときわめて高い数字になっている。これはあくまで全国の平均なので、特定の観光地では2倍以上になっているのも当然と思える数値である。

前述のアパホテルの価格が平日ではなく休前日に高騰しているように、ビジネスホテルが主に平日にビジネス客に利用されているというのはもはや過去の話である。筆者がよく利用するホテルチェーンでは、日本人だったら観光を楽しむ老夫婦、外国人だったらグループ、個人を問わず観光客を頻繁に見かける。形態で分類すればビジネスホテルだが、利用者層を見れば実質的には「観光ホテル」の面が強い。観光客が利用するアッパークラスのホテルの料金が上がれば、ビジネスホテルに需要の一部が流れ、そちらの方も値上がりしていくのは自然な話である。「富裕層大歓迎！」と言っているうちに、私たち日本人自体が泊まりにくくなってきていると言える。

ちなみに京都市観光協会が調べた、2024年4月の調査対象ホテルにおける外国人宿泊者の比率は70・1%で過去最高水準となっており、京都のホテルが外国人に支えられていることが数字でも証明されている。

外資系ホテルは地方にも進出

京都では乱立ともいえる状況の外資系ホテルは、コロナ禍の少し前くらいから地方にも展開し始めた。2020年には、日光の中禅寺湖畔《ちゅうぜんじ》に「ザ・リッツカールトン日光」が開業した。ちなみに日光の老舗ホテルとして名高い「日光金谷《かなや》ホテル」は、もともと外国人を泊めるために、1873年に「金谷カッテージ・イン」として開業した歴史がある。その後、富山、鹿児島などの地方都市やニセコ、宮古島などのスキーリゾートやマリンリゾートでも外資系ホテルは相次いで開業。2023年には、「ザ・リッツカールトン福岡」、2024年には「長崎マリオットホテル」「ハイアット セントリック札幌」などが、地方の拠点都市にも進出している。

もっと驚くのは、2027年の開業を目指して、アートの島として知られる香川県直島《なおしま》町《ちょう》にマンダリンオリエンタル瀬戸内の建設が予定されていることである（このホテルは高松市内にも開業予定）。地方にインバウンドが広く訪れている現状からすれば当然かもしれないが、先述のように飛びぬけた価格のホテルができれば、自然とまわりのホテルの宿泊単価も上がりがちだ。２０１９年に「ＡＮＡインターコンチネンタルリゾート＆スパ」が開業した別府では、市内の宿泊施設の平均単価が１０００円以上上昇しているという。

　こうしたホテルはもちろん、日本人の富裕層の需要もあると考えられるが、一般の日本人にはかなりハードルが高い。一部の人だけが利用するホテルが、全体のパイが小さい地方や離島にまで造られることによるデメリットを、受け入れ側は果たしてどこまで考えているのだろうか？

外国人向けに開業した日光金谷ホテル

ホテルの増殖が人口減の引き金に

　第一章でも触れたが、多くのホテルの乱立は、実は京都に思わぬ影響を引き起こしている。表面的にはインバウンドで賑わい、経済的に潤っているように見える京都市だが、２０２０、２０２１年の２年連続で、全国１７００あまりの自治体の中で、人口の純減数が最大となった。

　例えば２０２１年の統計では、純減が１万１９１３人で２位の神戸市の９２０８人を大きく上回っている。しかも転出による社会減が目立つ。ホテルの進出ラッシュで市内の地価が高騰し、またマンションなどの住宅が不足して住宅価格も高騰し、購入が難しくなっているためである。宇治市や城陽《じょうよう》市などの府下の他都市だけでなく、交通が便利なＪＲ琵琶湖線沿いの都市への流出が顕著になっている。

筆者は、マスメディアから「京都のオーバーツーリズムで一番の問題は？」と質問されることが多いが、それはバスの混雑や遅延でもなく、ごみのポイ捨てでもなく、祇園における「舞妓パパラッチ」（観光客が写真を撮るために芸舞妓を追いかける現象）でもなく、働き盛りの年代の人口流出だと答えている。京都市のデータによると、転出する年代を5歳刻みで見た場合、一番多いのが25〜29歳、次に30〜34歳、そして０〜４歳となっており、まさに子育て世代が子どもとともに京都市を離れているのである。

厚生労働省は、２０２４年４月に、２０１８〜２０２２年の5年間の合計特殊出生率の市区町村別平均値を発表した。これによると、出生率の低いワースト5は、第１位が京都市東山区で０・76、以下は大阪市浪速《なにわ》区、京都市上京《かみぎょう》区、京都市下京《しもぎょう》区、埼玉県毛呂山《もろやま》町の順になっている。なんと、京都市中心部の３区が見事にランクインしている。三つの区いずれもホテルの進出ラッシュが著しいエリアである。京都市は人口のおよそ１割が大学生で、まだ結婚・出産を迎える前の年代が多いという理由もありそうだが、人口の流出と出生率の低下を重ね合わせると、出産から子育ての適齢期の年代が京都を離れていく傾向が想像できる。

京都市が2022年にまとめた報告でも、結婚・子育て期（25〜39歳）の近隣都市への大きな転出の原因を、「結婚・子育て世代が求める条件に合った住宅の確保の難しさが大きく影響していると推察される」として、住宅難であることを認めている。将来の京都を支える働き手が京都から逃げていくことを示すこの数字は、「富裕層向けホテルの誘致が街の活性化につながる」として進めてきた政策が、市民にとってふさわしかったのかどうかという問いを突き付けている。

仁和寺門前のホテル計画

筆者は、以前京都で勤務していた際、京都市の大学が連携して共通の学びの場を提供する「大学コンソーシアム京都」というプロジェクトで、ある世界遺産の寺院と共同で授業を受け持ったことがある。その寺院とは、京都市街の北西部、きぬかけの路《みち》の西端にある真言宗《しんごん》の仁和寺《にんなじ》である。京都市民には、遅咲きの御室桜《おむろざくら》を愛でる寺としてもよく知られている。

双ヶ岡から見た仁和寺

仁和寺門前の空き地。現在ここにホテルを建設中

座学の講義も仁和寺の中の部屋で行い、僧侶に普段は入れないところにも案内していただいたりして、今でも親近感を覚える寺である。

その当時、すでに寺院の南、道路をはさんだ反対側の遊休地にホテルを建設する計画が持ち上がっていた。２０２４年2月に再訪してみると、敷地は囲いで覆われて建設が進められていることが伝わってくる。開業予定は２０２５年となっている。

ここには、共立メンテナンスという全国にホテル事業を展開する企業により、３階建て67室の「上質」なホテルが建てられることになっている。この場所は、世界遺産のバッファゾーン（緩衝地帯）で、世界遺産の該当エリア（核心地域）ではないものの、景観を守るために一定の規制がかけられる場所である。

しかし、京都市は、市が自ら創設した「上質宿泊施設誘致制度」を利用し、特別にこの地へのホテル建設を許可した。京都市のホームページには、このホテル（「御室花伝抄」計画）が建設を許可された経緯が、有識者会議の概要として掲載されている。この説明を読むと、仁和寺と周辺住民の意見も十分聞いたうえで、建設にゴーサインを出したことが書かれているが、その中にこのような記述がある。

この計画建物は3階建ながら、用途地域の制限の3千㎡を上回る、建築基準法の用途の許可が必要となる建築物であり、周辺に長く住む住民に懸念があることは確かである。また、市内では、この間急激に増加した観光客が、新型コロナウイルス感染症の拡大により急減し、ホテル建設の是非を巡る意見がでている。しかしながら、世界文化遺産・古都京都の文化財は、適切に保存しつつも、周辺住民と京都市民が独占すべきではなく、日本人はもとより世界人類にも広く公開すべきものである。古都京都の文化財の公開を通じて、世界の人々が京都に集い、文化や習慣の多様性を認め合いながら自由に交流することは、世界人類の相互理解、ひいては世界平和につながる。このことは十分理解されていると考える。

（「令和3年3月31日：有識者会議講評」より）

「本来ここにはホテルを建てられないが、京都の宝は世界の人に見てもらうべきものだから建ててもいいよね」と言っているように読める文章である。こういう場で「多様性」という便利な言葉が使われていることにちょっとしたひっかかりを感じるのは筆者だけではないだろう。インバウンド政策の説明でわざわざ言わずもがなの多様性を強調するのは、後ろめたい気持ちがあるのではないかと邪推してしまう。

この計画に対しては、京都市内の住民、弁護士、学者など多くの人が懸念を示しており、インターネットには「仁和寺前ホテル計画の見直しを求めるアピール」というページが立ち上がっている。これは、景観の問題だけにとどまらない。仁和寺の南に位置し、寺ともゆかりが深い双《ならび》ヶ岡《がおか》という小高い丘との直線上にホテルが建つため、双方からの景観がホテルで遮《さえぎ》られる上に、歴史的な結びつきをも断ってしまうことへの心配の声などが多く寄せられている。

ただでさえこれ以上富裕層向けのホテルが本当に必要かという議論がある中での話である。市が率先して特別に許可を与え、静かな風致地区にこうした施設を建てることが、景観や空間という、失われて初めて気づくような財産を毀損する可能性について、もう少し敏感であってもいいのではないか。前市長の門川氏はここ数年、オーバーツーリズムが深刻化することについて、「京都は観光都市ではありません」と力説し、住民との共存が大切だと訴える一方、次々と「上質」なホテルを増やしてきた。その象徴がこの仁和寺前のホテル計画である。個々の計画の是非に踏み込むつもりはないが、結果として中心部にも郊外にも富裕層向けのホテルが林立し、京都の空間を私的に独占し、住民の暮らしのバランスを崩したり、京都全体の宿泊施設の価格のつり上げに加担したりすることが「観光立国」の正体だとしたら、そこに再考の必要はないのだろうか？　なお、この原稿をほぼ仕上げた2024年6月21日、仁和寺周辺の住民ら51人が、このホテルの建設許可の取り消しを求める訴訟を京都地裁に起こしたというニュースが報道された。この問題は法廷を舞台に争われることになったのである。

2024年2月に授業の一環で学生を引率して京都駅前の老舗旅館に宿泊した際、支配人に話を聞いたことがある。彼は古都のホテル事情について、「京都はホテルを建てすぎたと思います」と答えてくれた。

日々観光客と向き合う当事者がホテルの過剰供給について言及するのを耳にしたとき、やはり筆者は、国や自治体が旗を振って「いけいけドンドン」で進める施策の危うさについて、考えざるを得なかった。

食の価格までもが高騰する

富裕層は、ホテルのみならず食事にも金に糸目をつけない。

それは伝統的な寿司や鰻だけでなく、〝外来食〟のラーメンやカレーライスにも及ぶ。日本人の多くがラーメンや昼の定食について「1000円の壁」と言っているうちに、外国人が主要な客層の店では別の意味の「価格破壊」が起こっている。いまやスキー客の9割以上が外国人と言われる北海道・ニセコのレストランの価格を見ると、ハンバーガーが2000〜2500円、ラーメンもごく普通のもので1500〜2000円ほどで、観光地値段というよりは外国のリゾート値段である。

コロナ前から外国人に人気のあった東京・築地市場。コロナ後に市場が豊洲《とよす》に移った一方、築地場外市場の店舗の方はそのまま継続しているものも多く、ともに外国人観光客の人気訪問先となっている。豊洲では2024年2月に新たな観光施設「豊洲 千客万来」がオープン。海鮮丼や本まぐろ丼が1杯7000円前後、焼いたタラバガニの脚が1本6000円など、強気の価格設定の店がいくつもある。「インバウン丼」などと揶揄《やゆ》され、盛んに報道されていることはすでによく知られているだろう。

もちろん、私たちも海外に行き、そこでしか食べられない本場のものに出会えば、高くとも喜んでお金を払う場合はある。観光は「非日常」に身を置く行為であり、普段とは異なる金銭感覚で支出するのは当然だ。まして、ニセコも豊洲も一般的な日本人にとっては「日常」でなく、ある程度高いのはやむを得ない面もある。筆者も、ハワイのワイキキで3000円を超す有名店のパンケーキを行列に並んで注文した経験がある。ホノルルのダウンタウンに行けば価格はかなり庶民的になるとわかっていても、やはりワイキキで食べたいのが観光客というものなのである。

「豊洲 千客万来」のにぎわい

インバウン丼を実体験！

そこで、その噂のインバウン丼なるものが果たしてどのように受け止められているのか、「千客万来」の開業から1か月ほどした2月末に同施設を訪れてみた。平日の昼前の時間であったが、館内はかなりの混雑。しかし、意外にも外国人観光客の数は少なく、全体の1～2割程度である。

　寿司屋、海鮮食堂、シーフードバーガー屋に肉料理の店……食事処が中心だが包丁の専門店などもあって、バラエティに富んだ店を巡る楽しさがある。海鮮丼を提供する店もいくつかあったが、群を抜いて目立つのは、3階の「フードコートよりどり町屋」に入っている専門店である。メニューは、本マグロ丼が6980円（税込み）、海鮮ちらし丼が6400円。普段高くても1000円以内にランチを抑えている筆者にとっては、バンジージャンプにチャレンジするくらいの勇気が必要な金額である。

千客万来「江戸辻屋」の海鮮ちらし丼

　よく見ると、他にも「本マグロと真鯛の紅白丼」（3600円）といった若干リーズナブルなメニューもあるし、さらに2000円台の丼も数種類見つけた……と思ったらそれらのほとんどはミニ丼だった。観察していると、6000円を超す丼を注文する人はいない。ミニ丼を注文する人はちらほらいるが、ラーメン店のミニチャーシュー丼などよりも小ぶりでとても食事にはならない。おそらく他の店のテイクアウトなどと組み合わせて食べるのだろう。

そこで気づいたことがある。6000円を超す丼があることで他のメニューが相対的に安く見えるのではないかと。普通ミニ丼を1500〜2000円も出して食べないと思うが、6000円を超す丼を出す店のミニ丼なら、モノは試し、食べてみようかという、「撒《ま》き餌《え》」になっている可能性がある。

それでも筆者は初志貫徹、訪問前から注文すると決めていたこの6400円の海鮮ちらし丼を食べてみた。もちろんおいしいが、食べきれないほどネタがのっているわけでもなく、他の店ならほぼ半額で似たメニューを食べられる。もっと言えば、現在勤務している学部の移転前の所在地である房総半島・鴨川市では、有名店でも2000円台で新鮮な海鮮丼が食べられる。もちろん、それらと別次元の価格だからこそ、「インバウン丼」などと呼ばれているのであるが、「豊洲 千客万来」には、ほかにも「究極の蛤らぁ麺御膳」（2600円）や、本マグロそば（1580円）といった他ではなかなか見かけないメニューもある。普通のものが高いニセコと違い、珍しいものがそこそこの価格であることに納得できるのなら、日本人でも楽しめるスポットだと感じた。

豊洲市場から新橋駅へ戻る帰路のバスからは、築地場外市場の賑わいが目に留まる。築地は豊洲とはうって変わって、客の実に8割程度が外国人である。カニの脚やステーキ串など、その場ですぐ食べられるものを出す店が多く、こちらの値段もなかなかだ。第一章でも触れたが、2口くらいで食べられるサーロインの串が1本5000〜6000円する。築地に本店がある「築地うに虎」では、ウニとマグロのトロがこれでもかとのる豪華丼「皇帝」に、1万8000円の価格がついている。これこそ究極の「インバウン丼」であろう。

一般の日本人の感覚で言えば、魚介類は市場やその近くで食べれば、新鮮で安いのが相場だ。だからこそ、わざわざ旅先で市場メシを堪能するのである。しかし、外国人が押し寄せる築地は、食べ歩きに供されるメニューも含め、多くの店が「インバウンド価格」になった。築地や豊洲は、庶民の台所ではなく、非日常の贅沢を味わう場所に変貌してしまったのである。これが、観光立国政策によって日本にもたらされた変化だとしたら、私たちはかなり高い代償を支払っていることになりそうだ。

乗っ取られる「外食」の場

いまや外国人観光客は限られた高級観光地だけに来るわけではない。金沢も高山も、そして京都も日常と非日常が交わる場所に外国人観光客はやってくる。そのため通常の店も価格設定が高い方向に向かうことは容易に想像できる。おそらく、外食の価格は多くの日本人のニーズに合うよう、安さを売りにしたこれまで通りの価格の店（といっても物価の全般的な上昇で、以前よりは高くなっているが）と、外国人がやってきて高くても成り立つ、いや高いからこそ満足感を上げる店舗へと二極分化していく可能性があるし、すでにそうなり始めているともいえる。

とはいえ、外国人観光客もすべてが富裕層ではない。先ほど述べたようにビジネスホテルのチェーン店などにもインバウンドがかなり押し寄せていることを考えると、彼らが夕食を摂るのは高級店ではなく、ホテル周辺の住民が日常使いするお店や居酒屋ということになる。そして実際、そうなっている。

一般に私たちが地方に旅行や出張に行った際、ビジネスホテル近隣の居酒屋などに行くことはよくある。地元の客で盛り上がっている中、カウンターでその話し声を断片的に聞きながら店主やママと世間話をするのは、旅のある種の醍醐味でもある。地元の人にとっても旅行客が来てくれて一緒に話をする機会があれば、それはそれでちょっとした刺激となるであろう。ただし、それはあくまで地元の人が「主」、観光客が「従」となっている場合の話である。

あるとき、京都駅の南側、八条口周辺に2010年以降次々と建ったホテルの増加ぶりを調べた。大半がビジネスホテルでレストランを持たないところが多く、八条口自体が以前は観光客がほとんどいないエリアだったため、観光客向けの飲食店は少ない。必然的に観光客はこれまで地元の人が通っていた飲食店に繰り出すことになる。そこで起きたのは、地元の人が店に入ろうとしても宿泊客でいっぱいになってしまい入れなくなる、あるいは待たされるという事態である。こうなると、地元の人にとっては、観光客は招かれざる客になってしまう。

町中華も大行列

これとよく似たケースが京都市中心部の〝町中華〟でも起きている。京都の人ならたいてい誰でも知っている、あの「マルシン飯店」である。

八坂神社の西楼門《にしろうもん》前の祇園交差点を東大路通に沿って北上し、東山三条交差点の手前にこの店はある。現在、お昼時に行くと平日でも延々と行列が続き、2時間待ちになることさえある。地元の人は町中華で2時間も待たない。並んでいるのは、日本人、外国人を問わず大半が観光客だ。

京都には湯豆腐や京懐石といった京都らしい食の文化がいくらでもあるのに、なぜ観光客は日本中どこにでもある町中華に並ぶのか？　それはマルシン飯店が全国放送のグルメ系番組に何度も登場し、SNSで評判を高めたからだ。そして何より「キラーコンテンツ」があることが大きい。マルシン飯店の名物は、餡《あん》がこぼれんばかりにかかった天津飯である。午前11時からノンストップで翌朝6時までというロングラン営業だが、午後遅い時間や夕方に行っても、ランチ時には及ばないものの、やはり行列はできている。

ラーメン屋なら行列ができていても回転が速いが、町中華では、まずビールに餃子、それから天津飯という客も多く、列は一向に進まない。これも「観光が地域に悪影響を与える」という、形を変えたオーバーツーリズムの弊害である。ランチに2時間待てるというのは、ある種の「精神的富裕層」ともいえる。一般の生活者にそんな余裕はない。会社員が昼食のために2時間以上外出していたら、翌月には会社に席がないだろう。

観光立国を目指し、それに応えて多くの観光客がやってきて、地元の人はなじみのランチの店に行けなくなる。自分とは関係のなさそうな富裕層が来ていたとしても、それは間接的に地元住民の生活や他の観光客の行動に影響を与える。そこまでして目指す観光立国とは何だろうか？

広島のお好み焼き店の人数制限

これと似たケースは広島のお好み焼き店でも起きている。広島市の繁華街、紙屋町《かみやちょう》にある「もみじ亭」。個人経営の小さな広島焼き店で、地元の人が日常使いする。一日40人程度の利用者で経営が成り立っていたこの店舗に、インバウンドが回復した2023年になって、連日100人を超える客が押し寄せるようになった。客の多くは、SNSで店の存在を知った、外国人を中心とした観光客であった。マルシン飯店同様、ここでも常連客が相当待たないと入れなくなってしまった。

このままでは、丁寧な接客ができないと危機感を募らせた店主は、2024年3月末、店のホームページに、「観光客の皆様へ」と題した告知を掲示。この中で、「本日3月28日より、本来の接客対応が可能と判断した人数のみ入店していただくスタイルに変更させていただきます。（中略）誠に申し訳ございませんが、お時間に余裕がない方は観光客向けの大規模店舗へ来店されることをお勧めいたします」と、悲鳴に近いお願いを綴《つづ》っている。そして、同日から、毎週金曜日の夜は、「県民の日」と銘打って、広島県民および一度でもこの店で食べたことがある利用者に入店を限定する試みを開始した。

県民かどうか、あるいは二度目以降の来店かどうかは利用者の申告次第ということだが、これまで店を支えてきた常連が入店できないということに対して、こうした形を選択せざるを得ないつらい事情は、ホームページの文面からも伝わってくる。

広島では、平和記念資料館の２０２３年度の総入場者数が１９９５年の開館以来最高のおよそ１９８万人となるなど、観光客の増加が著しい。しかも、そのうち外国人が全体の３分の1を超えるおよそ67万人と、インバウンド効果が如実に表れている。同じく広島県を代表する観光地である宮島《みやじま》では、２０２３年10月から宮島訪問税（1人1回１００円）を島に渡るフェリー運賃に上乗せして徴収を始めている。様々な面で地元住民の日々の生活に大きな影響を及ぼしていることが伝わるエピソードである。

貧しくなったニッポンで

２０２４年2月某日、東京・南青山。路地を入った目立たぬところにある高級焼き肉店に初めて入った。メニューは基本的にコースのみ、肉はすべて店員が焼いてくれ、部位ごとにつけるタレもつけ合わせも変わる。ドリンクリストを見ると、生ビールもあるが、ページを繰ると価格が6桁のワインが並ぶ。

ふと気づくと、別のテーブルから聞こえてくるのは中国語だ。入店するときには気づかなかったが、まわりのグループの服装はTシャツだったり、ジャンパーだったり、ラフな帽子をかぶっていたり……。つまり、イメージしていた南青山の高級焼き肉店のそれではなかった。

そして7つあるテーブル席のうち、なんと私たちが座ったテーブル以外の残りの6つはすべて中国人のグループであることに気づいた。春節のさなかとはいえ、自分たち以外に日本人の姿が見えないことに驚愕した。ここは、南青山、ファッションや芸能関係のギョーカイ人に囲まれるかなと予想していたらとんだ思い違いだった。もしこの中国人たちがいなければ、この店は閑古鳥《かんこどり》が鳴いていたのだろうか？　それとも直前で予約しようとした日本人は、中国人が座席を占領した影響で、焼き肉にありつけなかったのだろうか？

その翌日、ネットニュースで、「『ガストに行けない』低賃金にあえぐ介護職の実態」という東洋経済オンラインの記事を読んだ。そこには、「カツカツの生活でガストなんて高くて行けない。サイゼリアは神です」と語る夫婦の話が載っていた。片や都心の一等地にある、卵黄を溶いて柔らかい和牛の肉と絡め、その上からトリュフをかけて食べるような店にあふれる中国人観光客。片や日替わりランチが500〜600円程度のファミレスでも、高くて行けないという日本人の共働き夫婦。あらためて日本の経済力の現実を見せつけられる格差である。

第二部

消滅

——持続不可能に導く背景

第六章　観光立国の夢を打ち砕く気候変動と情勢不安

世界を襲う気候変動と情勢不安

近年、猛暑や旱魃《かんばつ》、水害などこれまでの想像を超える気象における異常事態が世界各地で進行している。例えば、フランスやスペインでは40度を超える暑さが続き、冷房設備が未整備な場所では観光客の客足が大きく落ち込む事態が増えている。２０２４年５～６月には、もともと暑いことで知られるインドやサウジアラビアなどでも50度前後の酷暑に襲われ多くの死者を出した。

また、２０２３年は、ロシアによるウクライナ侵攻に続き、イスラエルとパレスチナ・ガザ地区での戦闘に端を発して、中東が情勢不安に陥った。欧州各地やインドなどでは、ＥＵ

や自国政府の農業政策への反発などを訴える農民によるトラクターデモが頻発している。高速道路や大都市の中心部でもトラクターの車列で交通が麻痺した。EUがウクライナ支援を理由に同国産農産物への関税を撤廃したため、安い作物が流通していることへの反発が主な原因で、戦乱の間接的な影響とも言える。政治的な理由などでデモが続くペルーやエクアドルなども、安全な渡航先とは言えなくなっている。

日本人にも人気の渡航先である台湾では、海峡を挟んだ大陸からの脅威が続いている状況がある。その余波で台湾に近い石垣島でも実質的な「基地化」が進むが、有事の際に住民や観光客を避難させる計画も、策定のめども立っていない。情勢が今より悪化すれば、台湾どころか南西諸島も安全ではなくなる可能性がある。

NHK BSでは、毎日海外の放送局のニュースを数か国分まとめて放送する時間がある。ここ数年、ニュースのざっと6～7割は、選挙などの政治ニュースを除けば、様々な理由で起こるデモやストと、山火事、水害、竜巻、火山の噴火、そして地震などの自然災害ばかりという印象だ。これだけを見ていると、旅に出ることは、むしろリスクに身をさらしに行くことなのか？　と思えてくる。

本章では自然災害や戦乱を、次章ではここ1、2年で急速に浮上した「人手不足」の問題を取り上げ、観光が崩壊からさらに先の「消滅」の危機にある状況について検証する。私たちは、とても脆弱な土台の上で観光を楽しんでいることを確認したいからである。

自然災害で打撃を受ける鉄道や道路

時間の正確さや快適さで海外からも絶賛される日本の鉄道。しかし、渓流《けいりゅう》沿いや山間部など、険しい地形を縫って走る線区が多いため、災害による不通や、さらには廃止にまで至る状況が目立つようになってきた。

2024年6月現在、自然災害による不通区間がある路線は、九州のJR肥薩《ひさつ》線とくま川鉄道（第三セクター）、山口県のJR山陰本線と美祢《みね》線、新潟県と山形県を結ぶJR米坂《よねさか》線、青森県のJR津軽線、静岡県の大井川鐵道《おおいがわてつどう》などである。新潟県と福島県を結ぶJR只見《ただみ》線と熊本県の南阿蘇《あそ》鉄道（第三セクター）も永らく不通だったが、只見線は2022年10月、南阿蘇鉄道は2023年7月にようやく全線で運転再開にこぎつけた。輸送人員の少ない只見線の再開はかなり危ぶまれ廃線も取り沙汰《ざた》されたが、沿線は豪雪地帯で冬には並行する道路が通行止めになるため、地域の足の確保のためにからくも存続が決まったという経緯がある。

JR肥薩線は、鹿児島本線八代《やつしろ》駅と日豊《にっぽう》本線隼人《はやと》駅を結ぶローカル線だが、かつては北九州・門司《もじ》と鹿児島を結ぶ鹿児島本線の一部を構成する九州の大動脈であった。北側の八代〜人吉《ひとよし》間は日本三大急流に数えられる球磨《くま》川に沿う風光明媚《ふうこうめいび》な路線で、観光列車の「ＳＬ人吉」号が運行されていたが、２０２０年の「令和2年7月豪雨」で、八代〜吉松（鹿児島県湧水町《ゆうすいちょう》）間が不通となり、現在も再開のめどは立っていない。

被災前、人吉駅に停車するくま川鉄道の車両

　ＪＲ九州の自慢の観光ＳＬ列車も肥薩線区間では長期運休となり、とうとう２０２４年３月、復活を望む多くの声に応えることができず引退となった。同じ水害で運行が止まった第三セクターのくま川鉄道も、まだ全線での運転は再開できていない。２０２４年は前身の国鉄湯前《ゆのまえ》線の開業から１００年という節目の年だが、心からお祝いできる状況ではない。当然ながら人吉地域の観光客は激減している。熊本県では「人吉球磨豪雨被災地観光復興戦略」を進めているが、ただでさえ人口減少と高齢化が進む地域で、鉄路の不通が続くことは、地域に致命傷を与えかねない。

　静岡県の私鉄である大井川鐵道はＳＬの運転で知られる

廃止された日高線の線路

観光要素の強い鉄道だが、２０２２年９月の台風15号の豪雨で金谷《かなや》から千頭《せんず》までの大井川本線で33か所もの地点が被災し、現在は、金谷～川根温泉笹間渡《ささまど》の区間運転となっている。自慢のＳＬ列車も復活したが、乗車時間が30分前後と短く、従来の路線を知る者からすれば物足りない。

一方、残念ながら復活が叶わなかった鉄道もいくつかある。宮崎県の第三セクター、高千穂《たかちほ》鉄道も２００５年の台風による豪雨で不通となり、２００８年に廃止となった。北海道の日高《ひだか》線は、２０１５年１月に猛烈な高波による路盤流出で鵡川《むかわ》～様似《さまに》間が不通になり、復活を模索したが、結局２０２１年４月に、１００㎞を超えるこの区間が廃止になった。どちらも観光にとって重要な路線であったが、それでも莫大な費用をかけて再開するまでには至らなかった。

さらに２０２４年３月末、同じく北海道のＪＲ根室《ねむろ》線富良野《ふらの》～新得《しんとく》間が２０１６年の台風10号による被災から立て直すことができず廃止となった。

この区間には、テレビドラマ『北の国から』に登場した布部《ぬのべ》駅と、映画『鉄道員《ぽっぽや》』の幌舞《ほろまい》駅として使われた幾寅《いくとら》駅という、かつては「聖地」として大勢のファンでにぎわった駅も含まれている。

こんな調子で被災により、櫛《くし》の歯が欠けるように鉄道が消えていく。「観光立国」を唱えても、こうした事態を食い止めることはできていないのである。

復興するも観光の完全復活は至難の業

東日本大震災で壊滅的な被害を受けた三陸海岸。ここでも鉄道、具体的には、朝の連続テレビ小説『あまちゃん』でも知られるようになった三陸鉄道がほぼ全線で被災した。全国からの熱い支援を受けて震災から8年後の2019年に全線で運転を再開したが、観光地として完全には復活していないように感じる。

筆者は第三章で触れたように4年ほど仙台に住んだ経験がある。名取《なとり》市閖上《ゆりあげ》や気仙沼《けせんぬま》など東日本大震災による甚大な被害を受けた宮城県の被災地も、この間の生活や取材でなじみ深く、その後も何度もこの地域を訪れている。2023年夏にも岩手県の田野畑《たのはた》村から、宮古《みやこ》市、山田町《やまだまち》、大槌町、釜石《かまいし》市と三陸海岸沿いを見て歩いたが、復興は徐々に進んでいるもの

能登半島地震前の白米千枚田（輪島市）

の、震災前の美しいリアス式海岸の景観はかなり変わってしまっていた。

津波から集落を守るため海の景観を遮る丈の高い防潮堤が海岸に盾のように連なり、嵩《かさ》上げした高台に移転した家々は真新しいが、いまだ空き地も多く痛々しさが残る。もちろん、復興の様子や震災遺構を見学するなど被災地だからこその観光スポットもあるが、以前のように純粋に美しい景観を楽しむという気持ちにはなりづらい。三陸沿岸道路が全通し、車でのアクセスは良くなったものの、人口の流出も止まらず（例えば「奇跡の一本松」で知られる岩手県陸前高田《りくぜんたかた》市は、震災直前の2万4246人が2024年3月には1万7452人にまで3割近く減っている）、宿泊施設や飲食店などの観光インフラも十分復活したとは言えず、やはり震災一つで地域が大きく変わってしまったことを実感した。

2024年の元日に起きた能登半島地震でも、能登観光のシンボルともいえる珠洲《すず》市の軍艦島（見附島《みつけじま》）が半分崩れ、半島最大の観光資源の一つである輪島《わじま》の朝市通りが火事でほとんど焼失する被害があった。海底の隆起で漁港の再生のめども立たず、食材供給の面でも打撃はあまりに大きい。加えてこの震災でさらに人口が減ると、観光を支える人材が不足し、そもそも観光客を受け入れる態勢に戻れない。

人の暮らしが消えて観光資源だけが残っても、そこはもはや観光地ではない。観光はそれを支える人材がいて初めて成立する。地方の多くでは少子高齢化が最前線で進行しているが、それゆえに復興力が弱く、こうした災害が地方の疲弊化をさらに招く事態をどう食い止めるか、課題はあまりに多い。

なお2024年5月、石川県が発表したデータでは、能登半島の被災地6市町で震災後の3か月間で2750人が転出となった。これは前年同期間の3・7倍であり、ただでさえ人口減少が深刻な能登半島の復興の大きな足かせになりかねない。七尾《なな お》市、輪島市、珠洲市、能登町、志賀町《しかまち》、穴水町《あなみずまち》の6市町はすべて、後述する「消滅可能性自治体」であることを確認しておきたい。

気候変動の深刻な影響

さらに、近年の異常気象の頻発は、観光にも大きな影響を与え始めている。2024年2月、暖冬が続く北海道では、支笏《しこつ》湖の氷祭り「千歳・支笏湖氷濤《ひょうとう》まつり」が初めて会期途中で中止となった。せっかく作り始めた氷像が溶けてしまったからである。氷瀑《ひょうばく》の景観で知られる茨城県大子町《だいごまち》の袋田《ふくろだ》の滝は、2024年初頭の氷結が十分ではなく、観光客が3割以上減少した。同じように、雪不足で営業できないスキー場も多数見られてニュースを賑わせた。

猛暑も観光にはマイナスだ。2023年には北海道でさえ真夏には35度を超える日が続き、東京も京都も盛夏には外を散策できるような気象条件ではなかった。2023年の京都市の猛暑日（最高気温35度以上の日）は43日、熱帯夜（最低気温が25度を下回らない日）は57日もあった。2024年の夏も、6月下旬から前年を上回る猛暑が列島を襲っている。一方、冬の日本海の水温の上昇で雪の降り方が激しくなり、高速道路では毎年のように大規模な立ち往生が発生し、北海道では新千歳空港が雪で閉鎖され、観光客が空港で一夜を明かしたりするといったニュースに接する機会が多くなった。これは、この1、2年たまたま、ということではなく、おそらくこれからも毎年どこかで起きてもおかしくない状況だ。

農産物への影響も深刻である。猛暑や暖冬で生産量が落ちたり、作物が枯死したりといったニュースはほぼ毎年報道されるようになった。山形県のサクランボ、和歌山県の梅など地域を代表する特産品に大きな影響が出ているのも、観光の観点から見逃せない。さらに、水産物の水揚げも近年大きく変化するようになった。南方の魚が東北や北海道で大量に獲れ、北海道の羅臼《らうす》などの産地で昆布の極端な不漁が続くようになる変化は、地域に根差した食文化の危機につながりかねず、観光地の魅力を減ずることにも通ずる。

欧州ではワイン産地の北上により、イギリスでワインの生産が盛んになったという報道によく接するが、日本でも東北や北海道での生産が増加する傾向にある。一方、わが国随一のワイン産地である山梨県は、盆地の地形の影響で最高気温が40度に迫る日が珍しくなくなり、地元では懸念が広がっている。ワインツーリズムは、山梨県の重要な観光資源であり、温暖化が深刻な事態を引き起こすことが予想される。

日本の桜が咲かなくなる？

日本は四季の移ろいそのものが観光資源であり、秋の紅葉狩りと並んで春の花見は二大イベントである。ところが気候変動にともなって桜の開花時期の予想が難しくなり、自治体などが設定した桜祭りの時期とずれてしまい、花見客の集客に大きく影響するようになった。例えば、青森・弘前《ひろさき》城の桜である。2013年から2020年までは満開の時期がおおむね大型連休にかかっていたが、2021年は4月19〜21日、2022年が4月21〜22日、2023年には4月13〜15日と、ここ数年は開花がどんどん早くなり、大型連休にはすでに散ってしまうという事態となった。2023年にいたっては例年の半月ほども早くなった。散った後の花びらが城のお堀に一面に敷き詰められる弘前城名物の通称「花筏《はないかだ》」でさえ、連休には見られないほどである。

さらに、桜の開花には、「休眠打破」という桜が寒さから目覚める作用が必要だが、冬の間にそのための気温まで下がらなくなっているという話まで聞かれるようになった。近年、暖かいはずの鹿児島の桜の開花が東京などよりかなり遅れているが、これは鹿児島の冬の冷え込みが不十分なことが原因の一つと考えられている。もしこのまま温暖化が進むと、鹿児島だけでなく日本各地で桜が咲かなくなるともいわれており、「日本の春＝桜」のイメージが崩れかねない。

2024年の桜の開花は、少しずつ早くなりつつあったここ数年とはうって変わって全国的に遅れ、異例の遅咲きとなった。それにともない、例年より早めの開花予想をしていた気象関係者やイベント関係者などを慌てさせた。実際に桜祭りの期間には全く開花しておらず、中止や延期にしたところも何か所かあった。その一方、東北以北では4月の気温が史上最高となり、今度は逆に再び例年を超える早咲きとなり、地元を右往左往させた。もはや、「例年」の意味が失われつつある状況である。

衛星放送局の一つ「ＢＳイレブン」では、毎年、京都の地方民放であるＫＢＳ京都と共同で夜桜の生中継を特別番組で放送する。２０２３年は、京都のソメイヨシノの開花が3月17日、放送は3月29日。ほぼ満開から少し満開を過ぎたあたりで放送日となり、全国に京都の桜の美を届けることができた。筆者も自宅で中継映像を堪能した。

２０２４年はこれを踏まえて3月27日に放送が計画されたが、京都の開花は前年より2週間近くも遅く3月29日となり、全くといってよいほど咲いていない中での中継となってしまった。メインの中継先の東寺《とうじ》では、最も見ごたえのあるベニシダレザクラの「不二桜《ふじざくら》」など自慢の桜はほぼ蕾《つぼみ》で、別の中継先の神泉苑《しんせんえん》もわずか一輪ソメイヨシノが開いていただけだったのである。

中継そのものは、こうした事態を予測して昨年の桜の映像や東寺の見どころの紹介などでつないでいたが、担当ディレクターは放送日までずっと胃が痛かったことだろう。筆者も放送局で幾度となく桜中継を担当したことがあるので、開花の状況は番組の成否を決めるだけに、当日まで天気予報や開花情報とにらめっこの日々だっただろうと想像できる。放送はまだ何とかリカバーできても、海外から桜を目当てに観光に訪れた人にとっては、目的が果たせず悔しかったに違いない。なお、2024年は東京でも開花宣言は3月29日と、前年より半月も遅かった。

2024年の開花の大幅な遅れは、2月の気温の高さで先述の「休眠打破」が十分できなかったこと、そして3月に寒波に何度も襲われたという二つの要因からである。暦の上では春でも、積雪が1メートル近くになったり（3月21日、群馬県草津町で積雪94センチメートル）と、尋常ではない天気が続いた。

一見「地球温暖化」が原因ではないように思われるが、地球温暖化とは毎年右上がりに少しずつ暖かくなることではなく、異常気象で天候が予想を超えて変わったり、上振れと下振れがひどくなったりするなどの影響をもたらす。桜の開花予想のズレは、それを待ち望んで出かける人の予定を狂わせると同時に、そもそも開花しなくなるかもしれないという危惧もある。かくのごとく観光は自然現象に大きく影響される。そのリスクを象徴する開花時期の乱れであった。

線状降水帯とJPCZ

ここ5年ほどで、私たちが天気予報で日常接するようになった「用語」が二つある。一つは、「線状降水帯」。強烈な雨を降らせる雨雲がほぼ1か所に停滞することを指す。台風による雨雲がその進行によって移動していくのに対し、長時間同じところで大雨が続くことで被害が広がる。これが毎年のように日本のどこかで見られるようになったことが、気象の変化を象徴している。

最近の大水害の原因も線状降水帯によるものが多くなっている。例えば、２０１８年の倉敷市真備《まび》町《ちょう》の水害、前述の肥薩線やくま川鉄道に甚大な被害をもたらした２０２０年の球磨川水害などが挙げられる。２０２２年6月からは、気象庁が「線状降水帯予測」を発表するようになった。ついに正式な気象用語と認められたと言える。

そしてもう一つが「ＪＰＣＺ」。Japan-sea Polar air mass Convergence Zone の略で、日本語では「日本海寒帯気団収束帯」と呼ぶ。これは大陸から吹き寄せ朝鮮半島北部の山岳部で二つに分かれた北西の季節風が、日本海の水蒸気をたっぷり吸って日本付近で合流、猛烈な雪雲を作って同じ場所に継続的に雪を降らせる現象を指す。頻発する高速道路や一般道での大量かつ長時間の車の立ち往生は、このＪＰＣＺによる大雪がもたらしたケースが多い。こうした気象の専門用語を一般向けの天気予報で使わざるを得ないほど、特異な現象が日常になってきた。そのこと自体が「異常気象」の表れといえる。

ほかにも土砂災害特別警報、異常天候早期警戒情報、熱中症警戒アラートといった、名前を聞いただけで胸が早鐘《はやがね》を打つようなワードが日々の天気予報で使われるようになっている。普通に暮らしていても注意が必要なこうした気象の変化は、旅行者にとってはより一層恐怖である。明日乗る予定の新幹線は時間通り走るのか、明後日搭乗予定の飛行機はちゃんと飛ぶのか、そんな心配をしながらの観光はあまり経験したくない。

海外での「Climate Change（気候変動）」

日本の観光立国と直接関係はないが、異常気象や自然災害は海外でも頻繁に起きるようになった。降水量が少ない欧州中部でも、毎年のように洪水で町が沈む映像を見る。２０２３〜２０２４年にも、ブラジル、インド、中国南部、ＵＡＥ（アラブ首長国連邦）などで、大洪水が発生した。ほとんど雨が降らないＵＡＥで降った大量の雨は、ドバイの交通網を麻痺させた。異常が異常でなくなることは、観光資源の消失や観光客の減少につながる。ほかに、氷河の後退も深刻だ。世界遺産のカナディアンロッキー山脈の最大の見どころの一つであるアサバスカ氷河は目に見えて後退しており、この100年で長さが半減した。今も毎年10メートルずつ後退しており、消滅が心配されている。

海外ではそれに加えて山火事、火山の噴火、猛暑などがある。2023年の夏、ハワイのマウイ島の町ラハイナは、山火事が類焼して主要な町並みの多くが灰になった。今は、復興へと進んでいるが、かつてのハワイ王国の首都でその歴史を感じさせてくれた古い町並みは元には戻らないだろう。また、2023年12月以降に繰り返し起こったアイスランドの噴火は集落にまで達し、あの映像を見ると旅行に行きたいとは思えなくなる。オーストラリアでは、2019~20年と2023年にビクトリア州などで山火事が頻発し、数多くの野生のコアラが犠牲になった。そのほか、ここ10年ほどで、自然災害が観光地に影響を及ぼしているケースは数えきれない。

さらに世界中に知られる水の都ヴェネツィアは、水位の上昇により毎冬水浸しになっている。潟《かた》の入口に人工の水門を造る「モーゼ計画」はようやく完成にこぎつけたが、これで高潮（アクアアルタ）が解消するとまでは言いきれない。

2023年7月には、国連のグテーレス事務総長が国連総会で、世界で異常気象が頻発する状況を「The era of *global boiling* has arrived（地球が煮えたぎる時代がやってきた）」と表現し、この「地球沸騰化」という言葉は、瞬く間に重要なキーワードとして世界に広まった。心穏やかに旅をしたい人を震撼させる強烈なワードである。

そして観光に行ける国はなくなっていく

一方、自然災害とは別に、地球上では地域紛争も絶えない。5年前には観光に出向いてもほとんど問題のなかった国に、今は事実上入国すらできないということも多い。

２０２４年春現在、ロシア、ウクライナ、レバノン、イスラエル、パレスチナ自治区、スーダン、南スーダン、ミャンマー、ハイチ、仏領ニューカレドニアなどは外務省から退避や渡航中止が勧告されており、安心して観光できる国ではない。ロシアとウクライナの戦闘は、両国だけにとどまらず、ＮＡＴＯの枠組みを変え、欧州全体に緊張をもたらしている。ウクライナの最大の支援国の一つであるポーランドのトゥスク首相は、２０２４年3月末のメディアのインタビューで、「欧州では戦争は過去の概念ではない。戦争前夜といってよい状況にある」と警鐘を鳴らした。

筆者は２０１９年にミャンマーを訪れ、密林に仏塔が点在する景観で知られる最大の観光地バガンなどを見て回った。多くの欧米人が集まり、将来はラオスのルアンパバーンや、アンコール遺跡探勝の基地として発展著しいカンボジアのシェムリアプのようなにぎわいになる予感がしたが、2021年2月に起きた軍事クーデターで、ミャンマーではほぼすべての観光事業が消滅した。

エルサレム旧市街にある嘆きの壁

また、筆者は2023年夏にイスラエルとパレスチナを訪れ、世界中から巡礼者を集めるキリストゆかりの聖地を巡ったり、キリスト教だけでなくユダヤ教とイスラム教の聖地でもあるエルサレム旧市街の「嘆きの壁」（かつてのユダヤ王国の神殿の遺構）、「岩のドーム」（イスラム教を創始した預言者ムハンマドの昇天の地）などに足を運んだ。まさに世界各地から集まっている巡礼者の敬虔《けいけん》な祈りに触れて、こうした文字通りの「聖地」巡礼の観光の強靭《きょうじん》さに胸を打たれた。

しかし、それからわずか1か月半後に、ガザを拠点とするハマスとイスラエルとの戦闘が始まり、イスラエルからもパレスチナからも平穏な日常が消えた。パレスチナには、キリストが誕生したとされるベツレヘムの地に立つ「聖誕教会」があり、世界中から巡礼者を集めていた。しかし、こちらも戦闘開始以降、観光客の足はほぼ途絶えた。仮に今後休戦が実現しても、瞬時かつ大量に映像が世界を駆け巡る今、その強烈な戦闘のイメージがしばらく人の心から消えることはないだろう。それは、観光客が気軽に行ける地域ではなくなったというイメージが固定してしまったということだ。

さらに、2023年の年末から2024年の年初にかけて訪れたイラン。オリエントを統一したアケメネス朝ペルシャ以降の歴代の王国の数々の壮大な遺跡が残る観光大国だが、これまでも対立してきたイスラエルからシリアにある大使館への攻撃を受けて報復の連鎖が続き、2024年4月、イランへの渡航についても中止勧告が日本の外務省から出された。

イラン最大の観光地、ペルセポリス

ほかにも、一国二制度が形骸化し、自由な言論空間が消えた香港では、観光客でさえ言動に気をつけなければならなくなった。香港と並んで気軽に行けた台湾も、前述のように海峡情勢の緊張が高まり、いつまで平和な旅行先と言えるかは不透明だ。

もちろん、以前は旅行できなかったが、今ではそれこそ「観光立国」となっている国もあることはある。カンボジアやベトナムは、40年以上前は内戦やその後の疲弊でとても観光に行ける国ではなかった。今は、どちらも観光に力を入れ、壮大な遺跡であるカンボジアのアンコールワットや、新興リゾートとして人気を集めるベトナム中部の都市ダナンや世界遺産ホイアンなどへ気軽に行けるようになった。すべての国が悪い方に向かっているわけではないが、それでも世界の閉塞感は強まっているように感じる。「大観光時代」が成り立つには、当然だが平和が前提であり、今の世界はその動きに逆行しているようにしか見えない。世界全体で観光に対して逆風が吹いていると言える。

第七章　観光どころではない深刻な人手不足

観光自治体〝消滅〟の現実性

本章は第二部「消滅」に置いている。またそもそも『観光消滅』という本書の恐ろしげなタイトルは、２０１４年に発表された日本創成会議のレポート「消滅可能性都市」に基づいてまとめられた、座長である増田寛也《ますだひろや》元総務相の編著書『地方消滅』を意識している。「人手不足」について述べていく前に、まずこの報告について見ておこう。

このレポートでは、日本の自治体のほぼ半分にあたる８９６の市町村について、出産の適齢と考えられる若年女性人口（20〜39歳）が２０１０年から２０４０年までに50％以上減少すると予想される自治体について、将来消滅する可能性ありとして警鐘を鳴らした。このインパクトは甚大で、当時東京23区で唯一消滅可能性自治体に名指しされた豊島区ではとりわけ行政の驚きは強く、その後様々な施策が打たれた。

そしてその10年後の2024年4月、今度は民間の有識者で作る「人口戦略会議」が同様の手法で消滅可能性自治体のデータを更新。前回より減って744の自治体が「消滅可能性あり」に分類された。

人口は自然増減だけでなく社会増減も大きく影響するので、社会増を促す転機があれば、この予測は変わる。また、そもそも若い女性の数だけで将来人口を占うのは、女性を「子どもを産む役割」だと固定して議論を進める危うさもないではない。いうまでもなく「女性だけ」では子どもは生まれない。さらに、このリストに入っていなければ安泰かというと決してそうではない。そもそも少子化は国全体の問題で、立地や産業構造上、少子化が早く進む地域を名指しで悪者扱いするようなこの発表への批判は根強い。そうした留保を頭に入れたうえで2024年に発表された新しいデータを眺めて気づくのは、日本を代表する観光地を抱える自治体、あるいは観光に頼ることで成り立っていると考えられる市町村が数多く「消滅可能性自治体」に入っているという事実である。

筆者が観光都市、観光自治体と考える市町のうちのいくつかをピックアップして、若年女

図表5　観光自治体の2050年人口予測（消滅可能性自治体のみ）

自治体名	若年女性人口減少率	2020年人口	2050年予想人口
北海道 小樽市	60.6%	111,299人	55,542人
北海道 函館市	50.7%	251,084人	151,567人
宮城県 松島町	53.3%	13,323人	7,674人
栃木県 日光市	59.4%	77,661人	43,723人
埼玉県 秩父市	53.3%	59,674人	35,846人
千葉県 勝浦市	54.2%	16,927人	8,815人
神奈川県 箱根町	50.5%	11,293人	6,644人
静岡県 熱海市	58.0%	34,208人	20,578人
静岡県 下田市	55.8%	20,183人	10,574人
石川県 加賀市	54.8%	63,220人	36,571人
和歌山県 白浜町	52.3%	20,262人	12,807人
高知県 土佐清水市	75.2%	12,388人	5,124人
長崎県 雲仙市	55.4%	41,096人	23,609人

※人口戦略会議発表のデータと2020年国勢調査のデータから筆者が作成

性の減少率と2020年の人口（国勢調査から）、ならびに2050年の予想人口を一覧（図表5）にまとめてみた。

　このうち、石川県加賀市は、山中《やまなか》、山代《やましろ》、片山津《かたやまづ》などの加賀温泉郷を抱える一大温泉都市で、2024年3月には、北陸新幹線の延伸により東京から乗り換えなしで市の玄関駅に降り立てるようになった。これからさらに観光客を迎えようと意気込む時期に、「消滅可能性自治体」と烙《らく》印《いん》を押されてしまったわけである。

ちなみに2024年元日に大震災に見舞われた能登半島では、中能登町《なかのとまち》以外のすべての自治体が「消滅可能性自治体」に分類されている。発表されたデータには地震の影響は含まれていないので、残念ながら消滅の可能性はこのデータ以上に高まるかもしれない。

高知県の土佐清水市《とさしみず》は一般にはなじみのない都市名かもしれないが、四国最南端の足摺岬《あしずり》や日本初の海中公園（現在は「海域公園」と呼称）である竜串《たつくし》などを抱える観光都市である。しかし、すでに人口減が著しく、「市」であるにもかかわらず、2020年時点で1万2000人ほどにまで減っている。そのうえ、若年女性人口がその後30年で4分の1にまで減ると見込まれ、人口はわずか5000人程度になると予想されている。

観光客を迎えるには、当然のこととして多くの人手が必要となる。どんなに美しい景観があっても、その景観を保全したり、観光施設を運営したり、飲食店や土産物店を維持したりするには、その産業に従事する人が必要である。若年女性人口が5割以上減る自治体は、人口も当然ほぼ半減に近くなる。日々の暮らしを維持するだけでも大変なこうした自治体で、観光に割ける人材はどれくらい見込めるだろうか？　「地方消滅」はイコール「観光消滅」であるともいえそうな、冷酷な数字である。

路線バスの相次ぐ休止がニュースに

「人手不足」がまず取り沙汰されるのは、交通インフラの担い手たちである。コロナウイルスの収束による通勤通学や観光需要の復活の一方で、長期の需要停滞による離職の増加で、現在、全国各地で路線バスやタクシーの運転士不足が深刻化している。

大阪府南部の富田林《とんだばやし》市などを地盤とする「金剛《こんごう》バス」が2023年12月20日限りでバス事業から撤退し、全15路線を廃止した。このニュースは、大都市圏でさえ燃料費高騰による運行経費の増大や運転士不足により地域の足の確保がままならない実態を浮き彫りにしたと言える。

これはほんの一例に過ぎない。北海道では札幌駅を発着する郊外からのバス路線のうちのいくつかを近郊の地下鉄の駅止まりにして、中心部への乗り入れ路線を縮小し効率化を図ることとなった。長野市でも地元のバス会社が運転士不足のために特定の路線の廃止を発表するなど、地域のバスの苦境があらためてクローズアップされている。

以下は、筆者がウェブ媒体の「東洋経済オンライン」で連載している「高速道路最前線」の2023年11月の記事を要約したものである。

こうした事態は、コロナ禍を除けばこれまで順調に路線を延ばし、観光客の利用も多かった高速バスにおいても起きつつあり、高速道路の延伸とともに、都市間輸送や大都市と観光地を結ぶ路線に確固とした地位を築いてきた高速バスの脆さが一気に表面化しているといえる。

一例として札幌市と十勝地方の広尾町を結ぶ、JRバスによる高速「ひろおサンタ号」の「運休」がある。「サンタ」の名は、1984年に開業した、サンタクロースのテーマパーク「ひろおサンタランド」が由来である。広尾町は、かつてはその駅名ゆえに一躍ブームになった幸福駅などの存在で知られた国鉄広尾線の終着地であり、また今でも十勝地方南部の中心ともいえる町である。これまで広尾を朝出て昼前に札幌に着く便、および午後札幌を出て夜広尾に着く便、併せて一往復が広尾地方と札幌を直通で結ぶ唯一の交通機関として重宝がられていた。この路線は、国道236号線を通って浦河町に出、途中から日高自動車道に入って、一気に札幌まで結ぶ走行距離260kmあまりの長距離路線である。しかし、コロナ後の需要の低迷に加えて、運行を担うJR北海道バスの運転士の相次ぐ退職なども重なり、2023年11月から当面運休となった。「運休」とはいえ、実情を考えるとそのまま廃止に繋がりかねない状況である。

このバス便が運休となると、広尾周辺から道都札幌への利用者には、時間・運賃ともにかなり影響を及ぼす。ひろおサンタ号は広尾6丁目を始発とし、広尾駅を6時40分に発車、札幌駅前に11時20分に到着する。運賃は片道5190円（往復では8390円）となっている。サンタ号が使えないとすると、ほぼ同時刻に発車する帯広駅行のバス（広尾営業所6時44分発）に乗車、帯広でJRの特急おおぞらに乗り換えると札幌着は12時23分。サンタ号より1時間程度遅くなり、運賃・料金は片道9000円を超える。

全国に目を転じても、2023年後半から高速バスの運休や廃止のニュースが目白押しだ。11月5日、岩手県交通が運行する「水沢・金ヶ崎・北上〜仙台線」が廃止。同年5月に運行を開始したばかりの路線だが、わずか半年間で幕を閉じた。

JR四国バスが運行する夜行高速バス「北陸ドリーム四国号」は、2020年4月から運休していたが、やはり2023年11月に路線廃止となった。高知・高松・徳島と福井・金沢・富山を神戸淡路鳴門自動車道経由で12時間以上をかけて結ぶ貴重な路線だったが、こちらも人手不足を理由として姿を完全に消すことになった。JR四国バスのプレスリリースには、はっきりと「乗務員不足等により」と廃止理由が明示されている。

両備バスによる岡山〜津山間の「岡山エクスプレス津山号」も10月末で廃止になった。

10年前から運行されていた路線だが、「ご利用状況の低迷等諸般の事情により」（両備バスのHPより）運行が終了している。

この状況は、実際に運転士の長時間労働にメスを入れる労働規制の強化（いわゆる「2024年問題」）が実施された2024年4月の前後に、さらに深刻度が増した。人口が日本最大の「市」である横浜市でさえ、4月1日に一部減便を実施し、その新ダイヤがまだ定着しない同月22日にさらなる減便を発表している。働き手が多いはずの大都市圏でもバスのダイヤの確保は困難になっている。

さらに観光に直結する空港リムジンバスの運休も、目立つようになってきた。京浜急行バスは、2024年3月から、羽田空港と鎌倉・藤沢・箱根桃源台、甲府を結ぶ4路線を運休とした。羽田路線は、出張や帰省なども含め、広い意味では完全に観光路線であり、旅行者の足を奪う深刻な事態となっている。

「鉄道の代替はバスで」が難しい現実

筆者は、勤務先である千葉県の大学へ通うために、2022年秋に開業した「バスターミナル東京八重洲」を定期的に利用している。５分おきくらいに次々と発着する高速バスを見ていると、その隆盛ぶりが際立って感じられ、全国的な運休・廃止の傾向はここからは読み取れない。とはいえ、実際には東京駅のバス乗り場だけを見ていては気づかない事態が進行していることをあらためて思い知らされる。

現在、日本の各地、とりわけ地方では、ＪＲを中心に深刻な赤字路線が増加。鉄道の維持が困難だと思われる路線が次々とクローズアップされている。その代替手段がバスへの転換だが、「２０２４年問題」の前後でこれだけ人手不足による運休や廃止が続くと、いずれ代わりのバス路線でさえ維持できないという、「移動の空白地帯」が各地に生まれることが予想される。

北海道では、北海道新幹線の延伸による並行在来線のＪＲ函館本線小樽～長万部《おしゃまんべ》間のバス転換が決定しており、しかも開業が予定されていた２０３０年（実際にはさらに遅れることが既成事実化している）を待たずにバス路線への転換が模索されている。ところが、北海道各地ですでにバスの運転士不足が深刻で、前述のように多くのバス路線が減便や廃止になっているため、バス会社が運行を引き継ぐことはきわめて難しくなっている。鉄道の廃止が決定し、それを引き継ぐバスのめども立たなければ、沿線の倶知安《くっちゃん》やニセコなどは、倶知安に設置される新幹線駅を除けば地域の足は壊滅しかねない。あれほど外国人観光客でにぎわっているにもかかわらずである。

同じく運転手不足に悩むタクシー業界では、大都市圏の一部でもライドシェアの解禁が始まっているが、地域の足の担い手であるバスの運転士をどう確保するか、これは一事業体だけでは解決しそうもない。より広い事業体や自治体、国などによる総合的な対策が必要となってきている。根本的な解決法に着手しなくては、ごく限られた黒字の路線以外、国内から公共交通機関が消えていきかねないのである。

バス運転士の重い負担

公共交通の運転士の業務のあり方という意味で考えさせられる事例を、最近訪れたオーストラリアで垣間見た。それは、日本のバスやワンマン化したローカル鉄道の運転士の多くが、「接客」と「運賃収受」までを業務として行っているということと対照的であった。

運賃の収受は実は面倒な仕事である。全員がパスモやスイカ、イコカなどの交通カードでさっと支払ってくれればよいが、両替が必要な人、整理券を取り忘れた人、その他厄介な人にも対応しなければならない。運転士の最大かつ最重要な業務は、交通機関の安全な運行である。欧米の多くでは、バスやトラムの運賃収受はカードタッチなどの電子システムで完全に乗客に任されており、乗降時に運転士の横を通るということもない路線が多い。もちろん、タッチをせずに不正をしようとすれば可能だが、その代わり抜き打ちでチェックが行われ、カードタッチをしていないと多額の罰金を支払わされる。

２０２４年3月に乗車したシドニーのトラムでは、交通カード（オパールカード）を停留所のポイントでタッチ（タップオンという）してから乗車した。車内では頻繁に「乗車前にタップオンしないと、２００豪ドルの罰金です」という表示が流れる。車内での現金での支払いは一切認められていない。

シドニーのトラムの罰金表示

そしてもちろん抜き打ちでチェックするのは運転士ではない。

翻って日本では、乗客からの暴言に耐えたり、バスの揺れや急ブレーキで乗客が転倒したりすると個人で責任を負わされるなど、運転士の精神的な負担は大きい。人手不足は、こうした対乗客業務から解放されることでも緩和されると考えられる。

観光列車すらも運休に

２０２３年秋から２０２４年にかけて、今度は鉄道の運行に携わる運転士や車掌、あるいは航空業界で言えば、地上でサービスを担うグランドハンドリングスタッフや整備士などでも人手不足が一層顕著になってきた。

２０２３年10月には、北陸新幹線延伸開業を控えた福井市を地盤とする福井鉄道で実施された、運行本数の２割削減と日中の急行列車の廃止が大きな波紋を投げかけた。運行には28人が必要だが、離職続きで20人まで減ってしまい、ダイヤが維持できなくなったための措置である。

道後《どうご》温泉で知られる松山市を走る伊予《いよ》鉄道の市内線では、同じく２０２３年10月に観光列車の色彩の強い「坊っちゃん列車」の運休が発表され、11月から翌年３月に再開となるまで、４か月以上、観光の目玉となる列車を運行できないという事態が続いた。これも運転士不足が原因である。

運休となった伊予鉄道の坊っちゃん列車

併せて一般市民の足となる列車でも本数を削減しており、観光列車だけを優遇することに市民の理解が得られず、運休を余儀なくされた。まさに人手不足が観光を直撃した形である。

地方鉄道はその地域の人にとっては欠かせない足であり、公共的な役割が強い。地元住民からの期待も大きく、それに携わるのはやり甲斐のある仕事である。まして運転士や車掌は小さな子どもが憧れる職業の一つだったはずである。それにもかかわらず離職に歯止めがかからないのは、コロナ禍で人の移動がパタッと止まるという強烈な打撃を受けたこと、コロナが明けても完全に回復しづらい状況が見えてきたこと、そして以前から知られていた観光・運輸業界全体の処遇の低さやシフト勤務のつらさ、土日や年末年始こそが稼ぎ時で世間と一緒に休みづらいことなどが相まったからだと考えられる。

さらに全国的な人口減少や過疎化の急激な進行といった要素は鉄道会社の経営を圧迫し、人手不足を補うための賃上げなどを難しくしている。地方の人口減を観光客の増加がカバーして交通網を維持できれば理想的だが、せっかく観光客の需要があってもそれを満たす人的な供給が難しければ、そもそもが成立しない。観光立国の旗を振る一方で、その下支えをする移動の足の確保ができず、経営がやせ細っていく現状は、観光事業の足腰の弱さを物語っている。

ほかにもコロナ禍を経て働き手が現場に戻らず疲弊している観光の現場はいくつもある。人手不足で部屋をフル稼働させられない旅館やホテル、スーツケースなどの預け入れ荷物を運ぶ人員が足りず、航空機の運航に支障をきたしている海外のいくつかの空港など、こうした危機は日本のみならず世界各地で見られる。

さらには、安全管理にも黄信号が灯っている。2024年1月2日に起きた日本航空機と海上保安庁の航空機が接触、炎上した事故では、航空機の発着は飛躍的に増えたのに管制官がほとんど増員されておらず、慢性的に人手不足が起きていることが浮き彫りになった。しかも、日本の航空業界では、パイロットが大量退職し、運航に必要な人員を確保できなくなるといわれる「2030年問題」も控えている。観光にとってきわめてゆゆしき事態になりつつあるように感じられてならない。なお、管制官の不足はアメリカやオーストラリアでも顕著で、この危機は国際的な問題となっている。

JRの駅で切符が買えない

鉄道そのものの減便や廃止も深刻だが、その手前、切符を買う段階で人手不足などにより影響が出ているケースも目立つ。その象徴が、駅の無人化で応答式の自動券売機（「話せる指定席券売機」）だけになった駅や、逆に残された有人の窓口が近隣駅の無人化のために人が殺到し、切符を買うのに時間がかかり、列に並んでいるうちに乗りたい列車に乗り遅れてしまうという事態である。

例えば、首都圏や東北に路線網を広げるJR東日本。2021年に440駅にあった有人の「みどりの窓口」は1年後には364駅となり、最終的には140駅程度にまで減らすことが発表されている。代わりに、操作方法がわからなければオペレーターと遠隔操作で話すことができる券売機が導入されている駅があるが、そのオペレーターは各駅からのオーダーをさばいているため、自分の番が来るまで相当待たされるケースが少なくない。

そもそも券売機を自分で操作できれば良いのだが、JRの切符は乗車券のほかに特急券もあり、乗車券と特急券の区間が違うこともよくある。往復切符もあれば、大人と小人でも、指定席と自由席でも、もちろん運賃や料金が異なる。筆者も自動の券売機をよく使うが、JRの運賃規則をほぼ熟知している身でも目的の切符が買えるまでに相当苦労する。もし、窓口と自動券売機の両方が空いていれば、迷わず有人の窓口を利用する。手慣れたプロの駅員に発券してもらった方が早いし正確である。また、払い戻しなど、券売機では対応できない場合もあるし、そもそも対人の方が安心感がはるかに大きい。

みどりの窓口が廃止される駅は、利用客の少ない閑散駅だけではない。例えば山形県の中央部、奥羽《おうう》本線の天童《てんどう》駅。人間将棋などで知られる人口およそ6万人の天童市の玄関には、山形新幹線も停車する。しかし、この駅も２０２４年3月31日にみどりの窓口が閉鎖された。もちろん、「話せる指定席券売機」は配備されたが、最寄りのみどりの窓口は、隣の東根市のさくらんぼ東根駅か、規模の大きな山形駅にしかない。必然的に山形駅の窓口は混雑する。いや何も山形県の駅を持ち出さずとも、東京北部の一大ターミナル北千住駅からも、有人のみどりの窓口は消えているのだ。

こうした状況にインバウンドの増加が拍車をかける。もし自分の前に外国人観光客が並んでいて、窓口が一つしか開いていなかったら絶望的だ。日本の地理や鉄道の知識に乏しい外国人は、欲しい切符を買うというよりはルートの相談から始まることも多いからである。

ＪＲが人員削減を急ぐ理由もわかるし、自動券売機どころかチケットレスへシフトしようとしている背景も理解できる。ビジネス客が多く、利用者の多くがリピーターの東海道・山陽・九州新幹線では、カードやスマホをタッチするだけで乗車できる「エクスプレス予約／スマートＥＸ」の予約全体に占める割合が5割を超えている。乗車直前でもスマホから予約変更が無料でできるこのシステムは、窓口に並んだり、券売機と格闘したりする時間を節約できるので、利用者が順調に伸びた。

しかし、主に高齢層者にとっては、こうしたツールを駆使できず、予約すること自体の難易度が高い。しかもこの年代は、国内旅行の主要な担い手でもある。日本はIT化の恩恵を受ける層とそこからこぼれてしまう層に分かれ、後者にとってはますます「観光」しづらい国になってきているのではないか。京都駅の新幹線中央口改札横の大きなみどりの窓口が人で埋め尽くされている様子を見るたびに、「切符を買う」ことが高いハードルになりつつある日本の「おもてなし」はどうなってしまったのかと感じる。2024年の大型連休には、縮小された各地のみどりの窓口に大行列ができ、JR東日本は連休明けにみどりの窓口の削減計画を一時凍結し、繁忙期には一部の駅の窓口再開を発表せざるを得ない事態にまでなった。しかし、あくまで一時的な「凍結」であり、削減計画が撤回される見込みはなさそうだ。

人手不足→値上げ→需要減退の悪循環

外資系ホテルの急増による日本の宿泊単価の上昇について第五章で触れたが、値上がりの原因はそれだけではない。ここにも人手不足の影響が顕著に表れている。人手不足を補うためには当然賃金を上げないと人手が確保できない。同業他社や他業種との獲得競争に負けてしまうからだ。

それに加えて、光熱費や委託先（客室清掃やリネンなど）への支払いの上昇もあって、客室の料金はこの1年でかなり上がっている。そのために、日本の宿泊施設の客数が伸び悩んでいるというデータがある。観光庁が発表している宿泊旅行統計調査によれば、２０２３年は、コロナから完全回復したこともあり、9月までは前年を大きく上回る日本人宿泊者数となっていたが、10月からは減少に転じ、12月は２０２２年の４１２１万人から３８４３万人へと7％近く減少した。２０２４年の大型連休の京都は、どこも大混雑となったが、ざっと見て半分ほどを占める日本人観光客の多くは日帰り客だったとの報告がある。平均5万円を超すようなホテルにはおいそれとは泊まれないからである。

円安や海外の経済発展と物価高で海外旅行に行けなくなったり、出張や留学を諦めたりするという現象に加え、堅調だった国内旅行でさえ価格高騰で二の足を踏むようになっている。もちろん、国内旅行にブレーキをかけるのは宿泊費だけではない。ＪＲは、新幹線と在来線の特急を一定の条件で乗り継ぐ場合、乗り継ぎ側の列車の特急券を半額にする制度を永らく続けてきたが、２０２４年3月に廃止した。またダイヤ改正のたびに、快速や通勤快速といった特急料金不要の列車を特急に置き換えており、利用者にとっては事実上の値上げとなっている。そしてその根底には、観光や交通事業を支える人手不足問題が横たわっているのである。

出生数減少という根本原因

日本の人手不足は何も観光業界に限った話ではない。建設現場でも福祉や介護の現場でも同様だし、物流の業界でも問題は深刻だ。何かと勤務実態がブラック視されている小中学校の教員の世界でも深刻な人手不足が起きている。残された働き手の負担が増すために、それが心身に負荷をかけてさらに離職者が増えるという悪循環に陥っている。

日本の人口減少の状況をデータで確認しておこう。直近の２０２３年の1年間の出生数は、およそ72・7万人となっている。しかし、この人数は今の人手不足とは関係ない。なぜなら今はまだ全員赤ちゃんだからだ。では20年前、今の20歳はどのくらい同級生がいるのだろうか？　２００３年の出生数は１１２万３６１０人であった。もちろん、成長の間に事故や病気で亡くなってしまった人もいるし、この間に同じ年生まれで日本国籍を取得した外国人もいるだろう。しかし全体から見たら多くはないので、この際無視する。

20歳は、高卒、大卒、専門学校卒など最終学歴による違いはあるが、おおむね社会に働き手として出ていく平均的な年齢と考えていいだろう。つまり、今およそ112万人が労働市場に参入する候補であると言える。さらに20年さかのぼり、現在の40歳の人を考えてみよう。1983年の出生数は、150万8687人である。つまり、今働き盛りである40歳の人口に比べ、ちょうど今社会に出ていく人は38万人あまりも減っているのである。定年が引き上げられ65歳を超えても働く人が多くなっているとはいえ、若い働き手がこれだけ少なくなっているのだ。様々な業界で人手不足が叫ばれているのは、このように労働市場に投入される人数が大きく減っているからである。しかも20年後は、これがさらにまた40万人ほど減る。こちらは確定した事実であり、今から「改変」することはできない。

これを乗り切るには、自動化など人手を省く大幅なイノベーションを起こすか、日本人以外の働き手を受け入れるかしかない。キャッチフレーズ的にいえば「ロボットか？　外国人か？（あるいはこれまでは働いていなかった高齢者？）」である。しかもこの現象はすべての業界に等しく降りかかるのではない。今もすでに起きているように、対価の低い仕事、労働条件が悪い仕事ほど敬遠される。そして、観光業界は全般的にどちらも他の産業に比べて好条件とは言いがたい。

一例を挙げると、観光バスの運転士の平均年収が、403・9万円（2021年、厚生労働省調べ)。またホテル業界では、2022年の調査で292万円。給与所得全体の平均給与が458万円であることを考えると、経済的な魅力はかなり低い。しかも、運転士で言えば、人の命を預かるという責任の重さや、労働時間の長さ、休みの取りにくさ、自動化どころか仕事の一部を省力化することも難しい状況などを考えると、人材獲得競争を勝ち抜けるのか非常に心もとない。

観光業界は、それこそ国による観光振興によって光が当たり、様々な補助金も投入され、仕事自体は、観光を楽しむ人々の笑顔のお手伝いができて、やりがいがある業界のはずである。しかし、観光客が押し寄せてもその人たちを運んだり、泊まってもらったりする人材が用意できるのか問われているのが現状で、「観光立国だ」と喜んでいる場合ではないのだ。

無人化、キャッシュレス化への遅れ

単純作業をできるだけ機械化、無人化して高度な仕事へと人材をシフトして生産性を高めることは、日本でも意識され、自動改札やレジのセルフ化、空港やホテルの無人のチェックインなどは珍しくなくなった。タッチパネルでの注文を導入する飲食店も多く、もともとオートメーション化が進む回転寿司でも、いまや多くの店舗で注文も会計も店員を呼ぶ必要が

なくなった。前述した通り、鉄道の切符の購入の無人化も、それがうまくいっているかどうかは別として進んでいる。

しかし、現状では日本の取り組みは中途半端である。というのも、スマホを使いこなせない人口がまだまだ多く、それに合わせて店舗のキャッシュレス化もそれほど進んでいない。日本では今でも現金を全く持たないで旅行をするのはかなり難しい。現金しか扱わない店や施設がまだまだあるからだ。観光で訪れる寺院や神社の賽銭《さいせん》や、お守り、おみくじなどの購入には今もほとんどの場合、現金が必要だ。

ロボットが受付をする「変なホテル」（長崎県、ハウステンボス）

一方で韓国や中国ではいまや現金はほとんど必要ない。2024年3月に訪れたオーストラリアでも、現地に6日間滞在して現金を使ったのはわずか2回で、それもおつりをもらいチップ用の小銭にしたかったという理由である。現地通貨への両替は全くと言ってよいほど必要がない。シドニー市街地の大手スーパーでも、店員のいる対人レジはわずか2レーンで、残りの30レジはすべてセルフであった。

いや、別に外国を真似る必要はない、日本は対面でお店の人との会話を楽しみながら買い物してもらうことこそがおもてなしで、観光における無人化、キャッシュレス化は、ホスピタリティの低下につながるという考え方もあるし、理解もできる。とはいえ、それは人材も潤沢で手間をかけるだけの人がいる場合である。

人材はむしろ海外へ

青少年が海外に滞在し、2国間の協定に基づいて、異なった文化の中で休暇を楽しみながらその間の滞在資金を補うために一定の就労をすることを認める制度を「ワーキングホリデー（略称ワーホリ）」という。以前からあったこの制度の利用者がいま急激に増えている。2022〜2023年期（6月期）に、オーストラリアへ向かうワーホリのビザの発給数は、1万4398件と史上最高を記録した。というのも、オーストラリアの給与水準は、円安の影響もあってすでに日本の2倍ほどになっており、同じ時間仕事をしたら倍の給料を手にすることができるからだ。

2024年3月に訪れた際、現地の旅行ガイドにヒアリングしたところ、現在のオーストラリアでのアルバイトの時給は、おおよそ25豪ドル、２５００円ということである。日本でも人手不足の影響もあって時給は上がりつつあるが、それでも昼間の時間帯であれば、「ニセコバブル」を除けば最も高い東京でも１２００〜１３００円前後であろう。やはりオーストラリアの方が2倍程度高くなっている。

先ほど人手不足の解消のために海外から人を受け入れる選択肢を述べたが、現実には日本に来るどころか、日本の若者が高い賃金や短い労働時間などを求めて海外に流出しつつある。人手不足は解消するどころかむしろ加速しかねないのが、現下の日本の経済力である。

円安は輸入品の価格の高騰だけでなく、労働者の流出をも招きかねない。ワーホリは期間限定なので、該当者は1年後には戻ってくるかもしれないが、現地の生活や処遇に魅力を感じたら、将来的に就労、永住をしかねない。人手が足りなければ日本に働きに来てもらえばよいという考えは、もはや通用しない。かつて日本に労働者としてやって来ていたフィリピンやインドネシアの人たちも、オーストラリアだけでなくＵＡＥ（アラブ首長国連邦）やカタールなどの湾岸諸国の方がはるかに稼げるし、英語が通じたり、インドネシアで言えば同じイスラム圏だったりして、文化的なハードルが低い。そうしたシフトが静かに進行している現実がある。

「機能不全」の新幹線群

2024年3月16日、北陸新幹線が金沢から先、福井県の敦賀《つるが》まで延伸され、華やかに出発式が行われるなど、お祭りムードに沸いた。わずか2か月半前、能登半島を中心とした北陸はかつてないほどの地震の被害を受けたことから、それを打ち消すような祝典の雰囲気が新幹線を迎える各地の情景からも感じられた。

新幹線は、鉄道の中でも最もインパクトのある、そして地域が待ち焦がれる交通インフラである。特に今回福井県は初めて新幹線を迎え、日本にたった3県しかなかった「東京と公共交通機関で直結していない道府県」(他の2県は三重県と奈良県)から脱出した。

その一方で、これまで北陸と経済的、人的なつながりが強かった関西圏や中京圏との行き来は明らかに不便になった。福井市や金沢市などへの移動に敦賀駅での乗り換えが必要になったからである。敦賀駅では在来線と新幹線の乗り換えのたびに1階と3階の間を重い荷物を抱えての移動が必須になった。大阪駅や名古屋駅から特急「サンダーバード」や「しらさぎ」に乗れば、途中居眠りしても目的地に着いたのに、敦賀直前で乗り換えの準備が必要になったのである。

また、特急料金も新幹線が加わったことで実質的な値上げとなった。その割に時間短縮効果は30分もなく、これまでの利用者が手放しで喜べる状況ではない。しかも敦賀から先、新大阪までの北陸新幹線の延伸計画は、ルートさえまだ完全に確定しておらず、通過予定の地域住民の反対もあって、工事のめども立っていない。敦賀での乗り換えは当面固定されてしまったといえる。

一方、名古屋と福井を行き来する利用客のために、両都市を結ぶ高速バスは利用者のシフトを予想して北陸新幹線の延伸の数か月前から増便をした。この判断が功を奏して、新幹線開通後も利用者は順調に推移している。新幹線が開業しても乗り換えを嫌ったり、移動費を抑えたりしたい客の一部が高速バスへと移行したことになる。

同様の中途半端な新幹線の新規開業は、２０２２年9月に営業を開始した長崎新幹線でも生じた。本来、九州新幹線から連続して続くべき鉄路は、佐賀県内の大半で工事ができず、武雄《たけお》温泉～長崎間という先端部分の短い区間の開業となった。

これまで博多から長崎まで乗り換えなしで訪れることができた利用者は、こちらも武雄温泉駅での乗り換えが必要になった。そして、九州新幹線と長崎新幹線の接続、つまり佐賀県を横断する区間工事のめども立っていない。

詳しい経緯は割愛するが、近年新幹線が開通すると、並行するＪＲの在来線は経営がＪＲから切り離されるのが原則となっている。佐賀県は現在の在来線の特急でも十分に早く九州の中心・福岡に出られるので、新幹線のメリットは少ない。にもかかわらず開通すると地域の足である在来線がＪＲから切り離され、当然地元の負担が増える。佐賀県としてはメリットが少ないので、新幹線の建設にはゴーサインが出しづらい。結果として、長崎新幹線は他の新幹線と接続せず、高速鉄道の効果を十分に発揮できないまま取り残されそうになっている。

当初２０２７年開業予定だったリニア中央新幹線の品川〜名古屋間も静岡県内だけでなく多くの工区で工事の遅れが発生し、開業は２０３４年以降に延期となった。そもそも観光の視点から見ればこの区間の約９割がトンネルで、景観を楽しめるのは駅周辺に限られる。こうした状況は人手不足のせいではないが、鉄道全体のグランドデザインが十分描けないまま、民間会社となったＪＲに建設や運営を任せたうえに、あれこれ政治が口をはさむことで、いびつな開業が固定化しつつある。せっかく多額の経費を投入して建設にこぎつけた鉄道が細切れ開業になったり、地域同士の結びつきを弱めたりしているのである。

そもそも地域の発展のために造られたはずの新幹線は、一時的に地方に観光客を誘致するが、中長期的にはストロー効果で人口の流出を加速しがちだ。世界に先駆けて高速鉄道の技術を確立し営業運転に結びつけた日本の鉄道運営は、全体のデッサン力に欠けているといわざるを得ず、それが観光にも影を落としている。

祭りの危機

厳冬の夜、裸の男たちが「蘇民《そみん》袋」を奪い合う勇壮な祭礼、蘇民祭。これは岩手県の各地で1000年以上にわたって受け継がれてきた伝統行事である。中でも「日本三大奇祭」「日本三大裸祭り」などにも名を連ねるのが、奥州市の「黒石寺《こくせきじ》蘇民祭」である。2008年、祭礼のポスターが女性に不快感を与える恐れがあるとして、JR東日本が駅などへの掲出を拒否した出来事でさらに知名度を上げた。しかし、この岩手県を代表する祭事は、担い手の高齢化や後継者不足という理由で2024年2月（旧暦1月7～8日）をもって終了となった。

「裸」を見せること自体がハラスメントだという、蘇民祭に対する一般社会の厳しい見方も少しは影響しているのかもしれない。しかし、連綿と歴史を刻んだ民俗行事がこんなにあっさりと幕を閉じたことは、筆者にとっても驚きであった。

蘇民祭の終了は有名であるがゆえに全国に報道された。しかし、長い伝統である「女人禁制」から門戸を開いたり、子どもたちにも参加してもらったりするなど工夫を重ねつつも、そうした報道では取り上げられずに存続の危機に立たされている「お祭り」は、日本全体の4割にも及ぶというデータがある。ここでも地方からの人口の流出と高齢化による担い手不足は深刻である。お祭りは故郷の心象風景を構成するものの一つであり、地域を出た人が帰省するよすがとしての役割も果たしてきた。そして何より、お祭り自体が観光資源でもあったのである。

一方で観光化が進み、本来地域の人たちの楽しみであったものが、完全に集客のためのイベントと化してしまい、住民を遠ざけてしまうような例もある。日本で最も著名な祭礼の一つ、京都の祇園祭は、近年山鉾巡行の数日前から始まる「宵山《よいやま》」にまで観光客が殺到し、本来地元の人が楽しむ機会だったのに、「あんなに混んでいる宵山には行きたくない」と京都市民からも敬遠されるようになった。

祭りのハイライトである山鉾巡行は、有料の観覧席の価格が、インバウンドの影響もあって年々上がっている。2023年は、1席40万円のプレミアム観覧席が登場、京料理を味わいながら、イヤホンで英語と中国語の案内を聴くことができるサービスがついた。和風のしつらえながら、席はイスになっているのもインバウンドを意識してのことで、実際65席が販売されたという。

同年には、青森のねぶた祭りでは1席100万円、徳島の阿波踊りでは1人20万円の席が用意され話題になったが、地元の人からすれば「地域のお祭り」が手の届かないところに遠ざかったように感じることだろう。繰り返しになるが、お祭りは重要な観光資源であるが、その資源は担い手あってこそであること。そしてまず地元の人が楽しめるはずのものであることを確認しておきたい。

第三部

未来

——観光政策は見直されるべきか

第八章　観光業界への手厚い助成の是非

コロナで大打撃を受けた観光業界

コロナ禍が始まった2020年から収束を迎えた2023年まで、国は沈滞した観光業界に多額の補助金を拠出した。もちろん、コロナ禍で最も打撃を受けた業界の一つであることは間違いない。宅配や通販のように「おうち時間」が拡大したからこそ伸びた業界もあるが、「移動によって非日常を味わう」観光という行為は、移動そのものが規制を受けたせいで、全く成り立たなくなってしまった。したがって国の支援を受けるのはやむを得ないということもわかる。

観光業界への補助は、大きく分けて2種類ある。一つは、直接企業に雇用などへの助成をする「雇用調整助成金」のような制度。もう一つは、旅行者への補助を行うことにより需要を喚起して間接的に観光業者を助ける制度。もちろん、これらの施策は観光業界の苦境を救うことに一定の役割を果たした。こうした制度がなければ、廃業したり倒産したりした企業、あるいは多くの社員を解雇せざるを得なかった会社が多数あったことは当然である。コロナ禍を生き延びた観光業に携わる人たちの、こうした支援への感謝の声を直接聞いたことも何度もある。

しかし、だからといってこれらの施策が万全であったとはいえない。むしろ副作用も少なからずあったし、そのことがきちんと検証されていないことも問題である。検証がなければ再び同じ事態が起きたときに、デメリットへの手当てをしないまま、また同じ過ちを繰り返す可能性が高い。

「Go To トラベル」と「全国旅行支援」

日本で新型コロナウイルスが蔓延し、移動の自粛が促されてからすぐの2020年4月、政府は事業規模およそ108兆円の「新型コロナウイルス感染症緊急経済対策」を実行するため、2020年度第1次補正予算で1兆5000億円のコロナ対策予備費を計上。さらにおよそ1兆7000億円が「Go To トラベル」という旅行支援キャンペーンの実施に充てられることが決まった。

7月に発表された内容によると、キャンペーン期間中に指定の旅行会社でのパッケージツアー商品の購入者や、ホテル予約サイトの利用者に対し、代金のうち1人1泊あたり2万円を上限に、旅行代金の2分の1を支援する施策である。支援の半分のうち35%は宿泊料金などの割引で、残りの15%は旅行先の飲食店や土産物店で使える割引クーポン券として発行されるしくみとなっている。

この事業は、日本旅行業協会や全国旅行業協会といった業界団体やJTBなどの大手旅行業者が「ツーリズム産業共同提案体」という組織を作って運営することになり、2020年7月22日から宿泊代の割引を開始。地域クーポンは同年10月から使用できるようになった。6月19日から都道府県をまたぐ移動自粛が解除されたことが背景にあったが、東京都では7月に入っても毎日のように100人以上の新規感染者が発生していたため、実施が延期された。しかも、地域クーポンの使用が始まって1か月ほど経った11月ごろから各地で再び感染が拡大、この事業は都道府県単位で利用が停止されたり、その分翌年6月までの延長が発表されたりするなど、患者数の増減で施策が右往左往し、今どこでどのように使えるのかがわかりにくい状況が続くこととなってしまった。

その後、該当する都道府県内を旅行した場合に費用を割り引く都民割、県民割といった施策が続いたのち、２０２２年６月に翌月から「全国旅行支援」という観光振興策の実施を発表。しかし、それも7月に再び感染が拡大したために延期。結局「全国旅行支援」は二転三転して10月11日からの実施となり、さらに東京都は９日遅れて10月20日からの実施となった。

こうしてみると、観光業界によかれと前のめりで決めようとした支援策がウイルスの感染状況に翻弄され、なかなか予定通りに進まず、混乱していた様子が伝わってくる。筆者はコロナ期間中、日々の観光支援を含む動きを日記のようにメモし続けていたが、それを読み返すと、前のめりの政府の決定をあざ笑うかのように感染が拡大、延期を余儀なくされる「追いかけっこ」の様相だったことが手に取るようにわかる。

実際、支援策が始まっても予約が早期に上限に達し、早々と終了したり、予約サイトや地域によってクーポン配布期間が異なったりするなど、国が各都道府県に丸投げのような形で事業を指示したため、各地で混乱が起きた。この「全国旅行支援」は、コロナの収束後も２０２３年12月に受付が終了するまでかなり長く行われ、２０２４年に入っても都道府県独自で支援策を続けているところがいくつもある。例えば、東京都は、２０２４年３月に、必ずしも観光支援に限定されてはいないが、「暮らしを応援！　ＴＯＫＹＯ元気キャンペーン」を実施した。このようにきちんとした号令もなく、明確な総括もないまま現在に至っている。

「全国旅行支援」の経済効果

コロナ禍で行われた全国旅行支援が実際どれくらいの経済効果をもたらしたのかは、いくつかのシンクタンクで算出されている。大和《だいわ》総研は、波及効果も併せて、約８３００億円という額を試算しているし（２０２２年）、旅行支出を４４６４億円増加させるという野村総研の分析（２０２２年）もある。

とはいえ、こうした経済効果の算出が本当に国全体でプラス効果になっているかというと、もう少し冷静に見る必要がある。というのも、たしかに旅行先では支出を増加させているかもしれないが、その分、他のアクティビティへの支出を減らしたり、地元で消費する予定だったものが旅先で使われたりしただけで、かなりの分が相殺《そうさい》される可能性も高いからである。

あらためてこの施策について考えておくべきポイントを列挙する。

①観光業界への支援は他の業界に比べても相当手厚かったが、これは本当に公平な施策だ

ったのか？　閑散とした空港、キャンセルの電話が鳴るホテルのロビー、車庫にずらりと停まった観光バスなど観光業界への打撃は可視化されやすく、そのイメージに引きずられた面はないか？　そもそも支援の施策を評価しようにも、情報はあまり開示されていない。

②長きにわたる旅行支援策は、業者側には「支援は当たり前」というムードを、利用者側には割引が当たり前という風潮を植え付けてしまったかもしれないこと。支援によって、本来淘汰されてしかるべき、生産性やサービスに課題がある業者の一部が生き残ったという指摘もある。一方利用者にとっても、定価で交通機関や宿泊施設を利用すると、何か損をしたような気分を生み出してしまった面もある。実際、割引での宿泊を申し込んで上限に達して断られると、旅行会社や宿泊施設に暴言や捨て台詞をぶつける利用者も一定数いたと聞いている。

もちろん、各社が出している割引料金やスペシャルプライスを探してそれらを利用することは生活の知恵として、旅のプロほど実践している。筆者も航空機に乗る場合、マイレージの特典航空券、早期割引、キャンペーン運賃などあらゆる方法を駆使して、可能な限り「普通運賃」では搭乗しないようにしているが、それは情報収集という個人の努力の賜物である。しかし、旅行支援策のような施策に慣れてしまうと、割引がないと旅行をするモチベーションが下がる人もかなりいると思われる。

③割引がなかったら泊まらないような客層が「背伸び」して単価の高い宿泊施設に泊まったことで客層に変化が生じ、これまでの優良顧客から敬遠されたところもあること。これも、旅行支援策で宿泊費の半額が補助されたことにより、料金の差で客層が分かれていたのが崩れ、宿泊施設の雰囲気が変わったり、施設側と客側間の暗黙のルールやマナーだったことが守られなくなったりした。

④そもそも感染拡大を防ぐための移動制限がこの施策によって緩んだことにより、ウイルスの流行にどんな影響を及ぼしたかの検証がなされていないこと。実際英国など海外では、旅行支援策を行ったことで、その利用者が新規感染者の少なくない割合を占めたという研究結果もある。

そもそも旅行業界、観光業界は、永年自民党の幹事長を務めた和歌山県出身の長老政治家の牙城《がじょう》である。彼は以前から一般社団法人「全国旅行業協会」の会長を務めており、2024年7月現在もそのトップに君臨する。観光業界への支援が手厚い背景に彼の存在があるという声は多い。

和歌山大学には国立大学で唯一の観光学部があるし、「紀伊山地の霊場《れいじょう》と参詣道《さんけいみち》」の世界遺産登録にも裏で大きな働きがあったという話をよく聞く。国の施策に政治力が大きく影響することは枚挙に暇がないが、それが果たして公正なのかどうか。様々な忖度《そんたく》が働き、声も上げづらいし、検証もできない。それが健全な国家なのかという疑問まで生じてしまう。

「観光回復」の美名のもとに

コロナ対策としての国の支援策には、自治体に交付された「地方創生臨時交付金」がある。２０２０年４月に当時の安倍政権がまとめた「緊急経済対策」に盛り込まれた施策である。

その中で、４兆６５００億円が「地方単独事業」として、幅広い事業の支援に投入された。その中には、コロナ対策というよりは明らかに観光に対する支出が目につく。コロナ禍で激減した観光客を再び呼び戻すという名目で、ゆるキャラの着ぐるみが制作されたり、自治体をＰＲするモニュメントなどに交付金が投じられたりした。

２０２４年元日に起きた能登半島地震の被災地の一つとなった石川県能登町では、巨大なスルメイカのモニュメント「イカキング」を制作。建設費およそ２７００万円のうち大半の

2500万円が交付金から支出されたことで、「コロナ対策とは全く関係ない」「医療に充てるべきだ」といった批判が巻き起こった。町役場は、経済効果がおよそ6億円、話題となってメディアへの露出が増えた広告効果が約18億円あったとして、無駄ではなかったと胸を張った。

たしかに「地方創生」という名目であれば地域の名物を目に見える形で作って観光客を呼ぶことは、目的から完全に外れているとまでは言いきれない。しかし、この交付金はあくまでコロナウイルスにより仕事を失った人や、自粛要請、時短要請で売り上げが落ちた飲食店等への支援が目的であり、何よりコロナの拡大を防ぎ、国民の安全と健康を守るために計上されたはずである。ところが実態は「地方創生」という何でもありの、莫大な交付金をただ自由に使うだけの丸投げ施策だったとしか思えない。国難でチェックが甘い中、巨額の予算がつぎ込まれ、反論しにくい「観光支援」という名目として、多額のお金が使われたことになる。

観光に携わる者にとっては一見ありがたい「お上のご沙汰」だったかもしれない。しかしこれが地域の観光の足腰を強くしたのかといえば、補助金が下りればやってみる程度の必要性の薄い事業が幅を利かせ、場合によってはその維持などにかかるランニングコストがかえって負担となる事例も散見される。国が本当に地域の観光を救ったのか？　いろいろ考える視点が多い事業であった。

企業の不正の温床に

募集型企画旅行を中心にホテル事業やイベント運営なども手掛ける中堅の旅行会社「ワールド航空サービス」。この会社はコロナ禍で、大きく報道される事件を起こした。コロナ禍で仕事を失った会社の社員の休業補償として、国から払われる「雇用調整助成金」を不正に受給していたのである。２０２０年４月１日以降、社員を休ませた場合の休業手当を助成する「雇用調整助成金」を受け取っていたが、実際は社員が出勤しているのに仕事を休ませたとする嘘の申請書類を提出して不正に受給していたことが確認された。そのため、３億９０００万円あまりもの返還を命じられた。この会社は疑惑が持ち上がった際、会長が旅行業界の団体であり、「旅行需要の拡大と旅行業の健全な発展を図る」という目的を掲げた日本旅行業協会の会長を務めていたため、一層ニュースバリューが大きくなった。

こうした不祥事は、この会社だけでなく、旅行業界の最大手の一角を占める「エイチ・アイ・エス」の子会社である「ミキ・ツーリスト」と「ジャパンホリデートラベル」が、「Ｇ o Ｔｏトラベル事業」の補助金について宿泊実態のない分を不正に請求。その金額は旅行先の飲食店などで使える地域共通クーポンも含め、最大6億8329万円の巨額にのぼることも明らかになった。

苦境にあった観光業界の一部が不正に手を染めた背景はわからなくはないが、巨額の不正が可能になったのは、補助金のチェック体制が不十分だったことを示しているともいえる。

そもそもコロナウイルスへの対策では、無料ＰＣＲ検査への補助事業についても、東京都の事業者だけで400億円近い不正申請が明らかになっているほか、自治体がコロナ対策とは到底いえないような事業に支出している例も後を絶たなかった。観光業界だけに問題があるわけではないことは付け加えておきたい。

ちぐはぐな「北陸応援割」

2024年の元日のお茶の間に、衝撃的なニュースをもたらした能登半島地震。筆者はその日はイランに滞在しており、ホテルでは日本の海外放送も映らず、電波状況が悪くてスマホでも動画は映らず、文字のニュースだけでこの地震の被害状況を知った。

能登半島は今回被害が大きかった輪島の朝市だけでなく、和倉《わくら》温泉、白米千枚田《しろよねせんまいだ》、能登金剛、禄剛崎《ろっこうさき》などの観光地が目白押しで、まさに観光に頼る半島であっただけに、交通の途絶や、停電・断水などの回復には時間がかかることが判明すると、中長期的な観光への影響が心配された。

そんな中、まだ多くの住民が劣悪な避難所で暮らし、二次避難も始まっていない時期に、政府は宿泊施設のキャンセルが続出する北陸4県（石川、富山、新潟、福井）の観光支援のために旅行代金の半額を補助する「北陸応援割」の実施を表明した。1月25日、つまり震災から3週間あまりしか経っていない時期にである。被災地を応援する迅速な判断だとして評価する声もあったが、道路の寸断や電気・水道などの生活インフラの供給停止で、生活もままならない被災者が大勢いて、その生活再建のめども立たない中で、前のめりともいえる観光振興策が発表されたのである。

もちろん、被災した地域に旅行に出かけ、ホテルや飲食店を潤すことは地域経済にとって大きなプラスになる。しかし被害が少ない金沢市にも、縁者を頼って、あるいは二次避難先として、大勢の被災者が暮らしている。そうした地域へ割引を受けて喜ぶ観光客が押しかける様子は、被災者にどう映るかという配慮は必要だっただろう。金沢以南の加賀温泉郷の宿泊施設にも、まだまだ大勢の被災者が寝泊まりしている。そんな中、いち早く観光業者を救う策が発表されたことは、コロナ禍で観光振興が支援のかなり上位にあったことの延長線上にあるように感じざるを得なかった。

予約殺到による混乱

石川県を除く3県の予約受付が始まった3月8日、個別の宿泊施設ではその日のうちに予約枠が埋まってしまった。石川県でも3月12日、第一陣の応援割による宿泊予約が個別の施設で始まったが、スタートから1時間もせずに埋まってしまったところも多く、その日にほとんどの施設の予約がいっぱいになった。受付を終了しても問い合わせの電話が続き、「応援割」が適用されなかった客から苦情が殺到。4県の共通コールセンターには3月8日開始初日だけで586件の苦情が寄せられている。

さらに受付前に予約していた客が応援割を適用してほしいと申し出て、それが制度上無理だとわかると、割引されないならキャンセルするという事案も300件ほどになっている。中には、「もう北陸を応援しない」という捨て台詞まで電話口で叫んだ客がいたとも報道されている。こんな客は論外としても、これらの事案から今回の「北陸応援割」が「Go トラベル」の反省を全く生かしていないことが伝わってくる。

まず、こうした「割引による需要喚起」は、その割引がなかったら来なかった客に現地に泊まってもらうという意味では、当然宿泊施設への「補助」となっているが、見方を変えれば、ほとんど経済的には困っていない人たちを支援していることにもなる。なぜなら、この制度は全額補助ではなくあくまで旅行代金の一部しか補助されないので、自分の持ち出しも必要で、それが可能なのは、一定の余裕がある人たちのはずだからである。

本当に生活が苦しい人は、どんなに補助があろうが、旅行に行くことは考えないだろう。まさにＧｏ　Ｔｏトラベルと同じ構図となっている。被災地に近い地域の経済の活性化にある程度役立つかもしれないが、それほど生活に困っていない人が恩恵を受ける制度であり、税金の使い方としては最善とは言いがたいと感じてしまう。

二つ目にタイミングである。今回の割引の対象となる施設の中心は加賀温泉郷など震災の被害が軽微な石川県南部となるが、その多くは二次避難者を受け入れている。同じ宿泊施設に、早く故郷に帰りたくてもライフラインが復旧するまで帰れない人と、完全な旅行気分の人が「同居」することになる。避難者はどんな気持ちで観光客を見るのだろう。本当にこんな状態で始めるような施策だったのだろうか。

三つ目は、こうした「割引」は、純粋に応援する気持ちを持つ人というよりは、とにかく少しでも安く旅行したい人が飛びつくことになってしまい、「応援」が単なる「安く旅行できる」というお気楽な空気を煽《あお》っているように見えることである。

被災地の観光を応援するための制度は、どんなことがベストなのか。あるいはどんな順序で行うべきか。筆者は、とりわけこうした災害後の復興の場合は、個別の収入低下に対する直接の一定割合の補償と、落ち着いてからの需要喚起策を組み合わせながらおこなうべきだと考える。また、観光以外にも打撃を受けている業界への目配りの徹底などで観光業界だけに前のめりにならないよう心を砕くべきではないだろうか。

第九章　世界遺産は誰のためのものか

世界遺産への熱い視線

日本は２０２４年７月のユネスコ世界委員会を経て、世界遺産の登録件数が26件で、世界11位。ユネスコの加盟国は１９５か国なので、保有数上位１割に入っている、「世界遺産大国」の一つである。

清水寺や姫路城など著名な観光地が登録されているので、「世界遺産は有名観光地が登録される」とか「世界遺産になれば観光客が間違いなく増える」と思っている人が少なくない。実際、今も日本各地で世界遺産登録運動が起きているが、その目的には観光振興が透けて見える。２０２４年７月に新たに登録された「佐渡《さど》島の金山」に続けと、その手前の段階で世界遺産を目指す国内の地域や遺産候補は数知れない。信州の名城「松本城」、八十八か所のお寺を白装束と菅笠《すげがさ》で巡る「四国遍路《へんろ》」、瀬戸内の激しい潮流「鳴門《なると》の渦潮」（徳島県）などのよく知られた場所だけでなく、富山県の「立山《たてやま》砂防施設群」のように地味でアクセスに難がある候補も登録運動に熱心だ。

世界遺産登録によって、たしかに観光地として脚光を浴びたところも数多い。例えば合掌造りの民家群で知られる岐阜県の「白川郷《しらかわごう》」は、世界遺産の登録とその後の村の近くへの高速道路の開通により観光客が飛躍的に増えた。今では、外国人観光客も多く、私有地への侵入やごみのポイ捨てなどオーバーツーリズムに悩まされるようにまでなった。

屋久島は登録前には、登山家や離島マニアなど限られた人だけが訪れる秘境で、むしろ鉄砲伝来やロケット基地で知られる隣の種子島《たねがしま》の方が有名だった。屋久島の島民が島外の人に出身地を尋ねられると、以前は「種子島の隣です」というフレーズを使うのが普通だったという話も聞く。

しかし、屋久島はいまや訪れたい離島の最上位に位置するほど有名になった。島のシンボルと言える「縄文杉」や、ジブリ映画のモチーフになったといわれる「白谷雲水峡《しらたにうんすいきょう》」へのルートは、シーズンによってはかなりの混雑を呈するようになった。世界遺産の称号が地域を一級の観光地に仕立てた好例である。

富岡製糸場西置繭所

「世界遺産登録＝ハッピー」ではない

しかし、世界遺産になれば、観光地のお墨付きがもらえるのかと言えば、そうとは言いきれない。こんな例もある。群馬県の富岡《とみおか》製糸場である。世界遺産の正式名称は、「富岡製糸場と絹産業遺産群」。富岡製糸場のほかに近隣の自治体に散らばる三つの構成資産が世界遺産となっている。まず、富岡製糸場だが、たしかに知名度は上がり、登録された2014年には前年の4倍もの観光客が押し寄せた。そもそも登録運動が始まる前は一企業の所有だったため、見学そのものができない状況であった。

沈滞していた地方都市は、一気に観光客の増加に沸いた。製糸場の周囲には飲食店や土産物店がいくつも進出した。しかし、登録の翌年から見学者は右肩下がりに減り続け、コロナの直前の2019年度には約44万人と、6年でほぼ3分の1に急減した。富岡製糸場以外の3資産はさらに観光客が少なく、世界遺産の「観光客誘致効果」はかなり微妙だったと言わざるを得ない。急減したからと言って元の暮らしに戻れればいいのだが、観光客を見越して空き地が駐車場になったり、市外から進出した店舗が撤退して空き物件になったりしているのを見ると、嵐が過ぎ去った後のような、「荒らされてしまった」感があって、世界遺産登録の「陰」を見たような気分になる。

しかも、富岡市が所有する製糸場の建造物や敷地内の樹木などの維持管理には莫大な費用がかかり、その多くを入場料収入で賄っていた。入場者の減少は、文化財の保護に関してもマイナスとなる。世界遺産になったからといって、ユネスコからの金銭的援助は危機遺産の保護などに使われる「世界遺産基金」を除いて全くない。製糸場の貴重な建物は、果たして今後も守られていくのだろうか?

「世界遺産『神宿る島』宗像《むなかた》・沖ノ島《おきのしま》と関連遺産群を核とした文化観光推進地域計画」という報告書(文化庁)では、2017年に登録された、福岡県宗像市・福津《ふくつ》市の世界遺産の構成資産についてこのように記している。

世界遺産登録後、急増した構成資産への来訪者数は、その反動減などにより、減少傾向にあります。また、80万人を超える参拝客が訪れる宗像大社辺津宮《へつぐう》や年間来訪者数150万人を超える人気の道の駅むなかたが近隣にあるにもかかわらず、海の道むなかた館や宗像大社神宝館《しんぽうかん》等への来訪が振るわない現状にあります。加えて、福岡県民に対するモニター調査の結果では、本世界遺産の構成資産に来訪したことのない人の割合が、約6割を占めています。

そもそも、「神宿る島」たる沖ノ島は、年1回の祭礼時には一般の人も島に渡れたのが、世界遺産登録と同時に一切上陸できなくなった。「世界遺産は観光地のお墨付き」どころか、「世界遺産は観光客の締め出し」となっている典型例なのである。

見失いがちな世界遺産の意義

世界遺産そのものはたしかに素晴らしい。法隆寺の木造建築群や極楽浄土を再現した宇治・平等院鳳凰堂《びょうどういんほうおうどう》は、説明なしにその普遍的な価値が伝わってくる。しかし、近年世界遺産に登録される物件は、この宗像・沖ノ島関連遺産群もそうだが、登録された背景などを知らないとその価値が伝わらない。そして訪れた本人ももう一度来たいとなかなか思えないし、知人にも訪問を勧めようとはしない。

登録直後はメディアが大きく取り上げるし、地元の自治体も登録を寿《ことほ》ぎ、様々なイベントを開いたり、関連グッズを開発したりして話題を提供する。しかし、翌年には別の場所の世界遺産が登録され、全国的なマスメディアの関心は薄れる。

そして、一見して単なる河原の草っぱらにしか見えない佐賀県の「三重津《みえつ》海軍所跡」(「明治日本の産業革命遺産」の構成資産)やこぢんまりとした貝塚があるだけの青森県の「田小屋《たごや》野《の》貝塚」(「北海道・北東北の縄文遺跡群」の構成資産)は、限られた人が足を運ぶだけで、一般的な観光地にはなりにくい。

世界遺産登録には、観光振興以外に地域住民が郷土の文化の価値に気づくとか、それによって郷土に誇りを持つようになるなど、副次的な効果がいくつもあり、それこそが世界遺産に登録される大切な意義ではある。しかし、少なくとも観光振興の面から見て、登録までの膨大な手間と費用を考えれば、割に合わないと思う人がいてもおかしくないだろう。

日本人の世界遺産好き

「世界遺産」という制度やネームバリューが観光客を国際的に呼び寄せるのであれば、このしくみにも多少の救いはある。しかし世界遺産に一番関心の高い「国民」は実は日本人であると考えていいだろう。書店に行けば世界遺産に関する本が何十種類も出ている。少なくない大学に世界遺産を冠した授業が用意されている。筆者が勤める大学にも、全学部の学生が共通して履修できる「世界遺産のいま」という授業がある（筆者が担当している）。

世界遺産の知識を問う検定試験（世界遺産検定）まで存在し、しかも一定の受検者数を得ている。鈴木亮平、あばれる君、阿部亮平（Snow Man）などの芸能人も1級を取得していて、ちょっとした知的タレントの指標にまでなっている。そんな国は世界中探してもどこにもない。逆に言えば、世界遺産を求めて海外に行く日本人なら筆者も含め一定数はいるかもしれないが、海外から「そこが世界遺産に登録されているから」という理由で日本にやってくる外国人はそんなに多くはない（たぶん、あまりいない）ということである。

多くの外国人観光客でにぎわうJR京都駅の烏丸《からすま》口を出たところに大きな「世界遺産案内図」があるが、これにじっくり見入っている外国人を、この前を何十回、いや何百回と通っている筆者は一度も見たことがない。……と思っていたら、２０２４年2月に確認したところ、その案内図自体撤去されていた。

実は世界遺産も「観光立国」同様に「国策」である。世界遺産の誘致活動や登録後の様々な施策は、地元の都道府県や市町村などの自治体が担っているので、そのことは意識されないかもしれないが、ユネスコへの申請は国家単位でしかできない。自然遺産を管轄しているのは環境省、文化遺産の登録を取り仕切っているのは文化庁である。次にどこを候補として正式に推薦するかといったことも国の専権事項だし、有力政治家が地元の遺産候補の審査を優先的に行うよう政治力を行使することがあるのも、関係者の間では公然の秘密である。もちろん、環境省も文化庁も、自然環境や文化遺産を「守る」立場であるが、登録の過程ではやはり観光振興が表に出て、省庁間、あるいは地域間の駆け引きにもなってしまう。

このように世界遺産は広義の、そして実質的な「国が進める観光振興」であり、登録運動に対し各自治体も含め多くの公金を費やしている事業であるだけに、観光振興という側面に限って言えば、費用対効果を考えると眉唾《まゆつば》に思えてくるのだ。

世界遺産制度の理念は、「人類の宝物を後世の人々にそのまま受け渡す」ことであり、実は観光振興よりそちらの方がはるかに重要なミッションである。実際、「無傷で手渡す」ために観光がそれを阻害するなら、観光そのものをストップさせることもありうる。先述した福岡・沖ノ島が観光客の上陸を一切禁止したのもそのためであるし、ハワイの世界遺産「パパパハナウモクアケア」（北西ハワイ諸島全域を指し、太平洋戦争で日米間の戦闘があったミッドウェイ環礁も含まれる）も観光客の入島は全面禁止である。そして、その世界遺産の理念が多くの人に浸透しておらず、単なる観光地のお墨付きのように思われていることが大きな問題であり、それにも世界遺産を観光地としての側面でしか紹介しないことが多い大手メディアが加担している。

逆に言えば、世界遺産の物件が多いことと、「観光立国」であることは直接の関係がない話である。台湾には人口のほぼ半数にあたる１１８６万人（２０１９年）もの外国人が来訪しているが、台湾は世界遺産の登録を行うユネスコに非加盟のため世界遺産は一件もない。これは極端な例ではあるけれど、この１１８６万人の中に世界遺産を求めて来訪する観光客は一人もいないわけである。

オーストラリア先住民の鰻養殖施設で感じたこと

日本人にとっては結構なご馳走であり、多くの人は年に数回、夏の土用の時期などにしか食べることができないと思われるのが鰻である。牛丼の吉野家などでは通年メニューに入っているし、１０００円台で食べられる鰻重を提供する全国チェーンが急拡大している。

とはいえ、ふっくらと香ばしいかば焼き、ひつまぶしなどは、やはり特別感がある。そんな鰻を６０００年も前から「養殖」していた民族がいる。オーストラリアの先住民グンディッジマラ族である。彼らは太平洋のグレートバリアリーフ沖に広がる珊瑚海《さんごかい》（Coral Sea）から遡上《そじょう》してきた鰻を溶岩を並べた水路に引き込み、大ぶりのものだけを捕獲し、小ぶりのは水路の先の池で育てた。その場で食べるだけでなく、長期保存できるよう燻製《くんせい》にした。その結果、彼らは農耕が始まる前から定住ができた。この世界最古かつ最大の鰻の養殖システムの遺構が２０１９年、世界遺産に登録された。「バジ・ビムの文化的景観」である。

２０２４年春、オーストラリアを訪れた際、この遺産のガイドツアーに参加する機会を得た。ツアーはコースによって３種類あるが原則として１日１～２回しか実施されない。ビジターセンターからスタートするツアーは、おそらく先住民の子孫と思われるガイドの説明を聞きながら、彼らが暮らした地区や当時の遺構を巡る。この時参加した観光客は20人ほどだったが、私たち以外はほぼオーストラリア人だった。

このいかにも地味な世界遺産は、毎日数十人が興味を持って参加し、サステイナブルな暮らしを守った先住民の知恵を身をもって体感する。ツアー終了後、ビジターセンターに戻った参加者の多くは、ランチに提供される鰻の伝統食を注文する。鰻の燻製や鰻を練り込んだつみれのような食べ物は、決して鰻重のような美味しさではないが、ツアーで先住民の暮らしを知った後に食べると「納得感」が胃袋に満ちる。そして、先住民を駆逐した白豪主義の時代を経て、再びアジア系の移民を多く迎えて多民族の国となったオーストラリアの歴史について考えさせられる。

世界遺産「バジ・ビムの文化的景観」のガイドツアー

筆者はこのツアーで、ある種の世界遺産の存在意義と観光のあり方の理想を垣間見たような満足感に包まれた。大勢の観光客が一時的に押し寄せるのではなく、少人数ではあるが遺産の価値を深く知ってもらうようなプログラムを提供する。鰻の養殖の遺構には個人では入ることができず、このツアーに参加する必要がある。筆者が参加したこのツアーは約3時間で1人およそ9000円かかり、その分地域にお金を落とすことになる。もちろん、鰻のランチ代は別だ。安くはないが、満足と納得が十分得られ、オーストラリアという国の知られざる一面を理解できるとすれば、これこそが「世界遺産と観光」のあるべき姿なのではないか。単なる集客の道具として世界遺産を利用しようという風潮への警鐘として、この遺産訪問は筆者の心に深く刻まれる体験だった。

第十章　二重価格は観光公害を救うのか

裕福な観光客にはそれなりの負担を？

円安と物価水準の違いから多くのインバウンドが来日し、その外国人観光客がそれほど日本の物価を安いと喜ぶなら、もっと高く支払ってもらってもよいのではないか？　日本人と外国人で入場料や運賃に差をつけたらよいのではないか？　そんな話をコロナ禍後、よく聞くようになった。もっと価格を上げても払ってもらえるなら、取れるところから取ろう！というのは、理解されやすい理屈である。こうした意見を述べる人は、海外でも二重価格をよく見るからと言う。

筆者も海外で幾度もそういう経験をした。2012年に訪れたインド。当時現地で撮った

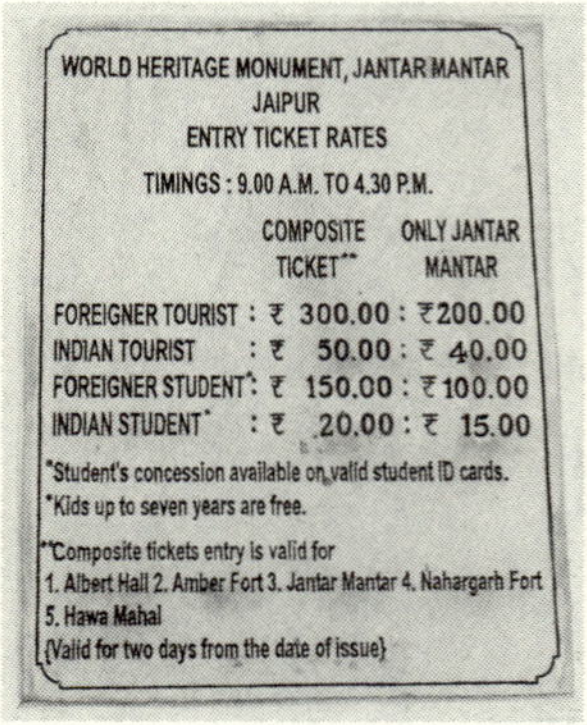

「ジャンタル・マンタル」の入場料

写真を調べてみると、例えばジャイプールという都市にある世界遺産の「ジャンタル・マンタル」という王族の天文台の遺跡は、インド人の入場料が40ルピーであるのに対して、外国人旅行客のそれは２００ルピー。なんと５倍である。

インドで最も有名な観光地といってよいタージ・マハルは、もっと格差が激しい。チケット売り場には、こう書かれていた。「ＳＡＡＲＣ ＆ ＢＩＭＳＴＥＣ ＣＯＵＮＴＲＩＥＳ 10ルピー」「ＯＴＨＥＲ ＣＯＵＮＴＲＩＥＳ ２５０ルピー」。聞き慣れない「ＳＡＡＲＣ」は南アジア地域協力連合の略称で、インドを含む南西アジア８か国を指している。パキスタン、バングラデシュ、ネパールなどが含まれる。「ＢＩＭＳＴＥＣ」はベンガル湾を擁する国々の経済共同体で、ＳＡＡＲＣと重なる国もあるが、モルディブなどが抜け、これにミャンマーが加わる。つまり、自国と近隣の経済的にも似た環境にある国々とそれ以外の国からの旅行者を区別するというスタンスである。

ちなみに当時の為替レートは１インドルピーが１・５円ほど（現在は、約１・９円）。あの有名なタージ・マハルでも外国人は400円程度だったことがわかる。ただし、その後値上がりして、2024年6月現在、タージ・マハルの公式ホームページによれば、インド国民50ルピー、SAARC、BIMSTEC諸国540ルピー、それ以外の外国人1100ルピー（約2000円）となっている。また、筆者の訪問時には外国人料金を払うと、チケット売り場から入場口まで電気自動車に乗ることができたり、長い列ができているインド人用の入口を尻目に列がほとんどない専用の入口から入ることができたりするなどの「特典」があった。ちなみにインドは高速道路の通行料も、料金の収受を免れている身分や職業があって、それが料金所の入口に明示されていた。

ほかにも、例えばペルーのマチュピチュ遺跡は、2013年に訪れたときにはペルー国民と外国人とは別料金だった。ただし、外国人18・5米ドル、ペルー国民は13米ドルと、インドほどの差ではなかった。

二重価格の理念とは何か

さて、いわゆる「二重価格」がはたして観光公害を救い、観光立国にふさわしい施策かどうかを考えてみたい。

日本は、観光立国を標榜してインバウンドを積極的に誘致している。そのために、ＪＲの運賃や高速道路の料金の割引策を実施している。ＪＲの全線が乗り放題の「ジャパン・レール・パス」はよく知られている。日本人にこそ、こんな切符があったらという声もよく聞かれる。７日間用、14日間用、21日間用及びそれぞれに普通車限定とグリーン車も可能な切符の計６種類があり、２０２３年９月までは、７日間普通車用で２万９６５０円（ＪＲ指定販売店などで購入の場合）であった。北海道から九州まで新幹線や特急も含めＪＲ全線（東海道新幹線の「のぞみ」など一部除外列車あり）に１週間乗れるこの切符の利用価値はきわめて大きい。しかし、さすがに優遇しすぎという声を受け、10月からは、７日間普通車で５万円と、大幅な値上げとなった。しかし、これでもかなり「お値打ち」だろう。このパスは日本人では購入したり、使用したりすることができないだけに、鉄道ファンを中心に羨望《せんぼう》の声が上がるのはよく理解できる。

こうした優遇策が誘致の底流にあったことを考えると、外国人、あるいは地元以外の観光客の入場料や料金を高くするというのは、大きな方向転換である。

二重価格を設けるときに大きな問題となるのは、「分け方」と「見分け方」である。分け方とは、例えば国籍で「日本人」と「外国人」を分ける方法か、それとも地元（例えば京都市民に限定）かそれ以外かという分類である。

観光施設の場合は、チケットを購入する際に、外国人ならパスポートを、日本人なら運転免許証やマイナンバーカードのような身分証明書を提示するという方法が考えられる。なぜ日本人でも「証明書」が必要かと言えば、日本と同じ東アジアの人たちは外見だけでは日本人と区別ができない可能性が高く、パスポートを見せなければ、日本人でも通ってしまうかもしれないからである。

逆に見た目が明らかに外国人であったとしても、日本で生活している人も数多くいる。例えば京都で言えば、あまたある大学に多くの外国人教員が在籍している。この、日本に居住し日本で働く、あるいは学ぶ「外国人」からも外国人料金を取るのかどうかは議論が分かれるだろう。さらに、いまや観光施設のチケットもインターネットでの事前購入が主流である。事前にネットで申し込むときに「申請」した国籍が正しいかどうか、結局窓口でチェックする必要が生じる。

二重価格でバスはさらに遅延？

もっと問題になっているのは、京都市の路線バスの事例である。市バスなどの混雑緩和のために、バスに外国人運賃を導入しようというのは、多くの人が考えつくアイデアであり、ネット上でもそうした意見をよく見かける。

しかし、これも運転士一人だけのワンマンバスで、どうやって見分けるのかということが課題になる。京都市バスの場合、多くの路線では降車時に運転士の横にある料金箱に料金を入れるか交通カードをタッチして支払う。そこで一人ひとり、日本人か外国人かを見分けたり、パスポートを見せてもらったりといったことが可能だろうか。可能だとしてもただでさえ遅延しがちなバスが、さらにその手間で遅れがひどくならないだろうか？　市民とそれ以外という分け方をするなら、市民には市民であることを証明するカードなりを用意してそれを見せれば市民料金になるということは考えられる。

あるいはもっと進んで、市民しか買えない交通カードであらかじめ運賃を割り引くという方法もないわけではない。大型連休時などの混雑に悩まされている江ノ島電鉄ではコロナ前から、あらかじめ申請した市民に対し証明書を発行し、連休期間中それを持っていれば、最も混雑する鎌倉駅で列に並ばず優先して改札口を通れるという社会実験を行っている。二重価格ではないが、交通機関で「市民」を見分ける方法として参考になる施策だろう。

しかし、京都市は人口約１４４万人。市民の多くが路線バスを利用する。地下鉄は２路線のみで、市内の主要な場所に行くには、バスが圧倒的に便利だからである。しかも市民限定でいいのかという問題もある。京都市は周辺地域の人々にとって主要な勤務先、通学先となっている。ホテルや飲食店、土産物店、博物館・美術館などの観光施設だけでなく、著名企業が多く本社を置く「産業都市」でもある。京セラ、任天堂、ワコール、オムロン、島津製作所、タキイ種苗、NIDEC（旧・日本電産）、GSユアサなど、日本を代表する企業が多数立地しているので、当然京都市外からも多くの通勤者がやってくる。

さらに、京都市内には30を超す大学があり、教職員と学生も市外から通う人が多い。筆者が京都の大学に勤務していたときも、市内に住む学生は半分もおらず、近隣の市町はもちろん、大阪府や滋賀県からの通学者も多かった。このように住所は京都市ではないが、京都を支えている人たちの路線バスの利用に「観光客運賃」を適用すれば強い反発を招くだろう。「市民とそれに準じる地元の人」と「それ以外の外国人も含む訪問者」を分けて、同じバスに乗ってもらうのはかなりの手間であることがわかる。

あるいは、発想を変えてバスそのものを分けるということも考えられる。「市民向けバス」と「観光客向けバス」を完全に分離し、運賃にも差をつけるという方法である。とはいえ、この策でも乗車時に市民（とそれに準じる人たち）を見分けることが必要であろう。

実は、京都市では「観光系統」と日本語と外国語で大きく書かれたバスをコロナ前から運行していたが、厳密に客を見分けられないので、観光路線のバスにも市民は乗っていた。観光系統は主要停留所だけに停まる急行運転が多く、これは市民にとっても便利だからである。もちろん、「生活系統」に分類されたバスにも観光客は乗っていた。いずれにしろ、市民の利便性を損なわずに、つまり減便しないで観光専用のバスを走らせるには、運転士やバスが新たに必要になる。

しかし、第七章で述べたようにバスの運転士は全国的に深刻な人手不足となっているし、京都市交通局ではコロナ前から民間のバス会社より運転士の融通を受けていた。また、車両についても、以前京都市交通局にヒアリングしたところ、「バスを増やしたくても車庫のスペースが限界である。これ以上増やすなら車庫や営業所の敷地を広げなくてはならないが、京都市は人口減が続いており、長期的に見て現実的ではない」とのことであった。

乗り場を分けるヴェネツィアのヴァポレット

さらにヴェネツィアの「ヴァポレット方式」という手もあるだろう。ヴェネツィアは、潟の内部に浮かぶ120ほどの島で構成される小さな都市で、人口はわずかに5万人（本土側など本島周辺部分を除く）程度。しかし観光客は年間3000万人を数える、まごうかたなき観光の島である。

車が一切入れないヴェネツィア市民の足は、ヴァポレットと呼ばれる水上バスで、いくつもの路線がまさにバス路線のようにヴェネツィアの水路を通って島々を結んでいる。観光客の移動もヴァポレット頼みだ。

2017年にこの街を訪れたときに気づいたのは、乗り場が市民用とそれ以外の利用者用に分けられていたことである。船が乗り場に着くと、市民パスを持った人が並ぶ入口が開いて、まず市民が乗り込む。そして次に私たち観光客のゲートが開いて乗り込むというしくみとなっている。したがって市民が優先となるので、市民で船がいっぱいになると観光客のゲートが開かないまま船が出発するということが何度もあった。観光客としては腹も立つが、市民優先にせざるを得ないほど混雑が激しいことも体感しているので、やむを得ないと感じた。

ヴェネツィアのヴァポレット

とはいえ、市民は優先されても、この方法はヴァポレットの混雑そのものの解消には寄与しない。そんなこともあって、ヴェネツィアでは以前から日帰り客の入島に対し料金を取ることが議論され、2024年4月から日帰り観光客に限って1人5ユーロ（約800円）の料金徴収を、週末を中心に試験導入している。また夏には団体客の上限を25人までとする方針も決まっている。

日本に二重価格はふさわしいのか

以上を踏まえてもう一度整理したい。

まず、外国人にだけより高い料金を設けることとは、「観光立国宣言」をした国の基本方針とは真逆になる。観光客に「来てください」というメッセージではなく、「高い金を払える人だけ来てください」というメッセージをおのずと発信することになるからだ。ジャパン・レール・パスとの矛盾もある。こちらも廃止しないとつじつまが合わない。

また、これは「日本はインドのように外国人に高い料金を課す発展途上あるいは新興の国と同じレベルだ」と宣言することでもある。もちろん、国民1人当たりのGDPが30位を下回り、近隣の韓国や台湾とあまり変わらなくなったことを考えれば当然と感じる人もいるだろう。それを国や自治体などの公的機関が公式に認めることにもなる。なぜなら税金だけでなく公共交通機関の運賃の変更も、国などの認可が必要だからである。

その「プライド」を捨てて導入に舵を切ったとしても、日本人と外国人観光客を分けるにはかなりの工夫が必要だ。芸能人やスポーツ選手を見ていても、今はミックス（いわゆるハーフ）の人が多く、そうしたボーダーが一定の幅を持つ今、日本人か外国人かという二分法はかなり難しい。

同じミックスの日本人でも、見るからに外国人だったがために幼少時にいじめに遭った体験を告白しているタレントの副島淳さんは、アメリカ人と日本人の父母を持つ。もし外見だけで判断されたら、「外国人料金」を取られてしまうかもしれない。一方、人気アイドルグループのSnow Manの向井康二さんは、日本人とタイ人のミックスであることを公表しているが、外見で日本人以外だと思われる確率は低そうだ。あるいは完全に外国籍であっても日本に生活の基盤を持った「観光客」ではない人もいる。こうした人たちを入場や乗車のたびに区別して異なる料金を課す手間は、余計に待ち時間の長さや混雑を助長しかねない。

地元に住む人に便宜を図ったり身近に利用したりしてほしいという意味で、入場や乗車の際に優遇することはこれまでも見られた。例えば日本三名園の一つ金沢市の兼六園《けんろくえん》は土日に限って石川県民は無料だし、名古屋城は、市内に住む高齢者は500円の入場料が100円になる。欧州でも例えばルーブル美術館では、国籍にかかわらず18歳未満は入場料が不要だが、欧州経済領域在住であれば26歳未満も無料になるなど、一定の居住区や年齢でそれ以外の人と差をつけることは行っている。しかし、これをさらに拡大し、完全な二重料金にすることの是非はもう少し慎重に考えるべきであろう。

京都市・観光特急バスの試み

この原稿を執筆しているさなか、京都市営バスが、混雑が激しいJR京都駅と清水寺、祇園、平安神宮、銀閣寺など東山地区の観光地を結ぶ特急バスを2024年6月から土休日に運行する計画を発表した。停留所を観光地の最寄りに絞り、従来のほぼ半分の時間で目的地に着ける代わりに、1回乗車230円の運賃は500円と2倍強に設定する施策である。一人ひとり国籍や住所を確認しないで、払う金額だけで差別化する、変則「二重価格」政策と言ってよいだろう。

新設の観光特急バスは、観光客の利用を想定しているが、500円払えば、市民も利用できる。ただし、定期券や敬老乗車証は利用できないので、通勤通学者やパスを使う高齢者は自然とはじかれる。逆に通常のバスは特に制限がないので、観光客ももちろん利用するだろう。鉄道に譬えるなら、追加料金のいらない普通や快速のほかに、特急券は別に必要だが、早く目的地に着ける特急を設定するのと同じ発想である。観光特急は「新設」なので、ただでさえ人手不足の運転士の補充が必要だが、土休日に限定すればやりくりできるという判断かもしれない。

市民の中には急ぎたい人や地下鉄・バス一日乗車券（このチケットは観光特急バス乗車可能）を利用する人も一定数いる。観光特急バスにも一部の人は乗るだろうが、「観光」用のバスに自分の判断で乗るので、混んでいるとか、運賃が高いといった苦情は出なそうだ。混雑は土休日だけではなく、桜や紅葉のシーズンは平日にも運行することや、金閣寺や嵐山などへの路線もかなり混雑していることを考えれば、さらに広げるのが可能なのか課題は多いが、その試行の状況をぜひ見てみたい。

宿泊税、入島料などの拡大がもたらす影響

こうした二重価格とは異なるが、近年導入が始まったのが、観光地などへ足を踏み入れることに対して金銭の支払いを求める施策である。先ほど述べたヴェネツィアの入島料もそれにあたる。

インドネシアのバリ島でも2024年2月から、外国からの観光客に15万ルピア（約1450円）の観光税を課すようになった。入国前にインターネットでも支払いができるし、現地の空港などでも支払いは可能だ。ただし、支払いは入国の条件とはなっておらず、2024年4月にバリ島に出向いた筆者の家族によれば、律儀に払っているのは日本人ばかりとのことであった。

観光税を支払ったかどうかは、ヒンズー寺院などでは抜き打ちで観光客に確認する方法を取っている。しかし、筆者の家族は一度も確認を受けなかったそうである。ヴェネツィアも島の入口で一人ひとり支払いをチェックするわけでなく、やはり島内で事前に観光客が入島料を支払っているかどうかを抜き打ちで調べ、未払いの場合は最大300ユーロ（約5万円）の罰金を科すこともあるというシステムである。

日本でもすでに東京や京都などいくつかの都市で宿泊税が課されているし、東京ディズニーリゾートを抱える千葉県浦安市や外国人観光客が殺到している和歌山県高野町《こうやちょう》でも導入が議論されている。屋久島、富士山、宮島では、一定エリアの入域に対し、名称は様々だが一種の「負担金」を徴収している。屋久島や富士山は形態としては「任意」だが、船でしか入れない宮島は、入島時にフェリーの運賃に上乗せされているので、事実上の「強制」である。ただし、これらは観光客の制限というよりは、観光客の対応に必要な経費の一部を負担してもらうための施策である。つまり、受益者負担の原則に則《のっと》った策ということになる。1000円程度であれば、その金額で入域を諦める観光客はほとんどいないだろう。なお、富士山は任意の負担金のほかに、2024年のシーズンから、山梨県側のみ1人2000円の通行料の支払いを義務化して実際に徴収している。

こうした施策は、エリアが狭いところであれば、入口にゲートを設けて徴収し、高い頻度で抜き打ち検査をすることが可能だが、そうでなければ未納者の捕捉は難しい。例えば京都の観光客にオーバーツーリズム対策の相応の経費を払ってもらおうと、どこかにゲートを設けたり、電車やバスの運賃に経費を上乗せして観光客からだけ徴収したりするのは難しいだろう。宿泊税は、その意味では合理的な徴収方法なのかもしれないが、日帰り客との差をどう考えるかという疑問は依然として残る。

それでは、例えば、やはりインバウンド対策に頭を痛めている岐阜県の白川郷などの集落はどうか？　筆者が中国で遭遇した一つの答えが、広東省の世界遺産「開平《かいへい》の楼閣《ろうかく》」である。広東省の省都広州《こうしゅう》から南へ高速バスでおよそ2時間、開平という町に着く。この一帯は

「開平・自力村」のチケット売り場と村への入口

自力村の楼閣群

華僑を多く輩出した地域で、アメリカやカナダで財を成した華僑たちは、故郷の村に錦を飾り、そのステータスを示すとともに匪賊《ひぞく》から財産と家族を守るために、望楼を兼ねた4～5階建ての堅固な住宅を造った。20世紀の初めのころのことである。

　そうした独特の住宅が並ぶ村が開平の郊外に点在し、それらが一体で「開平の楼閣と村落」という名称で世界遺産に登録されている。そのうちの一つ、自力村《じりきそん》では、集落をぐるっと柵で囲い、観光客は1か所しかない入口で入村のチケットを買うという形になっている。それだと住民には不便に思えるが、観光客入場ゲートのほかに住民だけが利用できる出入口が設けられている。そして、観光客は、筆者が訪れた2017年当時78中国元（約1300円）の入村料を払って「観光」をする。村を自由に歩き回り、公開されている楼閣に入場し、村人が販売する食材や民芸品を購入して楽しむ。これを参考に、白川郷も集落の入口にゲートを設けて入村者から入場料を徴収し、その収入で観光客に対応する経費を賄うということは考えられるだろうか？

ホイアンの旧市街入口にあるチケット売り場

観光客が多いホイアンのシンボル、日本橋

２０２０年にベトナムの世界遺産「古都ホイアンの旧市街」を訪れたときも、それに似たシステムに遭遇した。旧市街の入口で、中にある観光施設の入場料付きチケット代を徴収されるのである。ただし、ここではどの施設にも入らず、ただ街並みを見るだけなら無料だった。

観光客が地域住民に一定の経済的・精神的負担を与えるのであれ

ば、その費用分を観光客に一部であれ負担してもらうということは理にかなっている。ただし、より多くの観光客に来てもらい、お金を使ってもらえるのであれば、受け入れる側が負担してもかまわない。それがこれまでの考え方であった。しかし、内外の経済力が逆転し、オーバーツーリズムの問題も広く知れ渡ってきた今、「なぜ我々日本人が豊かな外国人の訪問に対し、もろもろの負担をしなければならないのか?」という不満が顕在化したのが現在の状況である。

インバウンドに対し、受益者負担をどこまで求めるのかは、あらためて「観光立国」という看板を大きく掲げ続けるのか、それとも修正するのか、そうした国の哲学までも問われる課題である。

こうした二重価格の問題は、2024年になってマスメディアでも取り上げられるようになった。5月1日に放送された『ニュース23』(TBSなどJNN系列)では、4月にオープンした、海鮮バイキングを提供する飲食店が、日本人だけ1100円割引するという制度を導入、つまり日本人と外国人に1100円の差をつける二重価格の実施に踏み切った様子を紹介したうえで、視聴者にリアルタイムで賛否を問うている。1817人の回答のうち、各施設や店舗が自由に決めればよいとした割合が43・8%、極端な差でなければ容認できる

21・0％、均一であるべき31・8％と容認派が多くなっていた。スタジオのゲスト二人は、どちらかというと容認派と二重価格に難色を示す否定派に分かれた。

さらに6月16日、世界遺産「姫路城」を管理する兵庫県姫路市の清元秀泰《きよもとひでやす》市長は、国際会議で姫路城の入場料を外国人観光客に限って4倍程度高く設定したいと言及し、物議をかもした。こうした「二重価格」の広がりは、一件一件の額は小さくとも、訪日外国人は長ければ数週間、日本各地を観光するため、観光施設で、飲食店で、ホテルで、そのたびに付加料金を払うことになる。経済学でいう「合成の誤謬《ごびゅう》」（一人ひとりの行動は合理的であってもそれをマクロの視点で見ると誤ってしまうこと）のように、彼らの立場に立てば、日本はあらゆるところで外国人を価格で「差別」する国に感じさせてしまう可能性もある。日本が目指す観光の理想像と現実のはざまで、この課題はまだ論争が続きそうだ。

第十一章　五輪や万博は観光客誘致の起爆剤になるのか

オリンピックで人を呼べるか

２０２０年に予定され、実際にはコロナ禍で1年延期された東京オリンピック・パラリンピック。そして、２０２５年に開催予定の大阪・関西万博。これら国家主導のビッグイベントを開催する理由の一つに必ず持ち出されるのが、「観光の起爆剤になる」という売り文句である。たしかに4年に一度しか開催されないスポーツの総合的な大会や5年に一度が原則の大規模な国際博覧会は、一度は実際に見てみたいという気持ちになる人が一定数いるのはよく理解できる。

筆者は放送局での勤務時代、夏は１９８８年の韓国・ソウル五輪、冬は１９９２年のフランス・アルベールビル五輪のときに、生中継や企画番組の制作のため、開催期間とその前後合わせて1か月ほど現地に滞在し、リアルなオリンピックを体験した。地域全体が高揚感に包まれた独特の雰囲気は一度は味わう価値があるかもしれないと今でも思う。まして応援したい選手が出場するとなれば、現地に行ってみたいと思うのは自然な気持ちだろう。五輪ではないが、2024年からロサンゼルス・ドジャースでプレイすることになった大谷翔平選手の観戦ツアーは、実際に盛況を極めている。

しかし一方で、たった2週間しかない開催期間に、航空チケットも宿泊費も安くない期間中、五輪観戦と周辺の観光地も組み合わせた旅行に大勢の人が行きたいと思うのだろうか？

ユーロモニターの調査によると、2012年に開催されたロンドン五輪では、開催期間前後の6～8月に外国人観光客がおよそ60万人訪れたものの、8月時点の外国人旅行者数の総数では前年よりも7％減ったというデータがある。

このレポートでは、「ロンドンオリンピックに魅力がなかったわけではなく、この時期に例年英国を訪れる旅行者のうちスポーツに興味のない人々が英国以外に流れたことが大きな要因である」と分析している。つまり、世間の人が全員スポーツに興味があるわけではなく、スポーツに興味のない人は五輪一色に染まって交通規制や渋滞など通常時より何かと制限の多い開催国に行くよりは、別の国に行った方が良いと考える人が多いことを示している。

2021年の東京五輪は入国制限もあり、また基本的に無観客での開催となったことで、幸か不幸か五輪開催に伴う外国人旅行者の動向はわからなかった。しかし、ただでさえ訪問客が多い国で五輪を開催するからといって、五輪に合わせて訪問してみようという人よりも、規制が多いときに行ってかえって不便ならば、別の国に行き先を変えようという人の方が多いかもしれないことは容易に想像がつく。

実際、パリ五輪直前の7月7日にロイターが配信した記事では、パリ行きの航空券や、パリのホテルの予約が低調だと断定している。

万博の集客効果

それでは万博はどうか？　万博はそれ自体が「観光資源」と言える。また、開催期間も五輪と比べると格段に長く、大阪・関西万博の場合は、184日間である。

1970年に開催された一度目の大阪万博では、当初の入場者数の見込みは3000万人だったが、蓋を開けてみると評判が評判を呼び、なんと見込みの倍以上のおよそ6400万人を記録。筆者自身も小学4年生だったが、親に連れられて学校を休んで日帰りで会場を訪れた。見たこともないような個性あふれるパビリオンの建築群を見るだけでも興奮した。高度成長期の真っただ中、未来を感じさせてくれるイベントを自分の目で見たいという熱狂のようなものがあの時代にはあった。

その後も、１９８５年に現在の茨城県つくば市で開催された「科学万博」、１９９０年に大阪・鶴見緑地で開催された「花の万博」、２００５年に愛知県の東部丘陵で開催された「愛・地球博」などを見に行ったが、それはイベントそのものへの関心よりも当時の仕事柄見ておくべきだという半分業務の一環の気持ちで訪れたことを覚えている。

1970年の大阪万博のシンボルだった太陽の塔

また、海外では、２０１０年に開催された上海万博を訪れた。このときは、万博オンリーではなく、上海から近い蘇州《そしゅう》の世界遺産「蘇州古典園林《こてんえんりん》」の訪問とセットである。入場券は現地へ行く前に日本で買っている。日本円換算でおよそ３４００円だった。開場と同時に入場し夜遅くまで会場内を歩き回ったが、今となってはほとんど印象に残っていない。なお、上海万博の入場者数は

7308万人で、1970年の大阪万博を大きく上回った。

USJとの戦い？

こうして振り返ってみると、テーマパークなども少なく、「未来は科学技術などテクノロジーの進歩で明るくなる」と信じることができた時代の万博と、あらゆる情報がパソコンやスマホなどを通じて家に居ながらにして入手でき、VR（バーチャル・リアリティ）やメタバースやプロジェクションマッピングなど、ITの便利さを享受している2020年代の万博では時代がまるで違う。私たちにとって、万博というイベントを楽しむ意義はかなり薄れていると考えるのが自然だろう。もし、ほぼ同じ金額を払うとして、大阪のユニバーサル・スタジオ・ジャパン（USJ）と大阪・関西万博のどちらへ行きたいかと問われたら、おそらく万博に手を挙げる人はかなり少ないのではないか。入場日によって価格は変わるが標準的なUSJの入場料は大人1人8600円、万博では当日購入の一日券の標準は大人1人7500円。それほど大差はないからである。

では直近の2021年に開催されたドバイ万博は、どれくらい観光振興に役立っただろうか？　多額のオイルマネーと中東・アフリカ地域初の「登録博」（総合的なテーマを扱う大規模な万博）であったにもかかわらず、会期中の海外からの観光客は740万人程度。日本でも大々的な報道があったが、コロナ禍だったこともあり、関係者以外、日本からの万博見学の渡航者は非常に少なかったと言われている。

それに加えて、オリンピックでは多額のダークマネーが裏で動いていたことが後に判明し、逮捕者まで出す事態となった。国策のイベントには多くの税金が投入されるが、私たちが面倒な確定申告などをして国に納めた税金が特定の業者の懐を肥やすようなことに使われていたのを知ると、大イベントが本当に開催国や開催都市にプラスになるのかという疑問がぬぐえない。

2025年の大阪・関西万博をめぐっては、費用の相次ぐ上振れや建設計画の遅れなどもあって、開催前からすでに多方面からその意義を疑問視されている。しかも、大阪・関西万博は、終了後同じ場所で計画されているIR（統合型リゾート）の露払いの役目も担っていることが周知の事実となっている。IRも観光振興が主要な目的の一つであるが、「統合型」という名前とは裏腹に、「カジノ解禁」がIR事業の中心である。カジノは一部の人にとっては魅力的な「観光資源」だろう。不夜城のようなラスベガスのにぎわいやマカオの夜に輝くカジノのネオンサインは、魅力的に映るかもしれない。

しかし、公営ギャンブルやパチンコがほぼ自由に楽しめる国にさらにカジノを作ったとして、どのような人がやってくるのだろうか？　アジアには、マカオの他にも韓国やシンガポールなど、カジノを楽しめる国がすでにある。また、日本を訪れる人の多くは、日本の漫画やアニメ、日本食、あるいは歴史を重ねた京都や鎌倉のたたずまいに魅力を感じてやってきている。そしてそういった人たちだけで、すでに各地でオーバーツーリズムが深刻化している。それに加えて、どんな人を呼びたいのだろうか？

「国策」の危うさ

そもそも、国が率先して旗を振っているものは、本当に国民ファーストで行おうとしているのかどうか、ある程度疑ってかかった方がいいのではないか。

マイナンバーカードは、当初の構想とは異なり、いつのまにか様々なデータと紐づけされるようになった。しかも、健康保険証と一体化されることが決まり、「大切なので家で保管するべき」ものだったはずが、財布に入れておかないと病院で受診さえできないほどの重要なアイテムへと変わってしまった。カード1枚で何でも証明できたりすることはたしかに便利かもしれないが、その分リスクは大きい。今の世の中、スマホ一つで財布の代わり、時計の代わり、交通カードの代わり、アドレス帳の代わりになるのは、すこぶる便利だが、スマホを家に忘れたり紛失したりしてしまうと、日常生活への影響は計り知れない。スマホはまだ自分で納得して購入しているのである意味では自己責任だが、マイナンバーカードを日々持ち歩くことになるリスクは、きちんと説明されていない。

筆者は「国」という存在に敵愾心《てきがい》を持っているわけではないし、政治家や官僚に知り合いも一定数いるので、彼らを悪く言うつもりもない。

ただ、一見民主的に見えて実際にはほとんど政権交代が起こらない政治体制の下、リスクやデメリットを十分検討することなく、あるいは検討したとしてもそれを表に出さず決定していくシステムでは、五輪汚職のようなことが平気で起こりうる。

2025年の大阪・関西万博がどのように運営され、どれだけ多くの人が足を運び満足感を得られるかはもちろんまだわからない。だが、観光振興や地域の浮揚策としての掛け声や謳《うた》い文句については、終了後にきちんと検証してほしいと思う。1970年の大阪万博以降、関西は経済的に地盤沈下が著しいことを私たちは思い起こすべきである。

2023年3月に近畿経済産業局が発表した統計によれば、実質域内総生産の全国に占める近畿圏（近畿6府県プラス福井県）の割合は、1970年の万博開催時に20・1%だったの

メルボルンの「王立展示館」

が２０２１年に15・９％に「順調に」下落しているし、資本金１億円以上の企業の割合に至っては、１９７０年の22・６％が２０２１年度には12・７％と半減している。「万博を開いたから」下落したのではなく、「万博を開いたおかげでこの程度の下落で済んだ」という見方もあるかもしれないが、関西で一瞬盛り上がったあの万博さえ、近畿圏の相対的な地位の低下を止められなかったことは間違いない。今も吹田《すいた》市の万博記念公園に立つ１９７０年の大阪万博のシンボル「太陽の塔」を、大阪府などは世界遺産にしたいようだが、そこにどんな意味を込めるのか確認してみたいと思う。

　余談だが、万国博覧会のために建てられた建物が、今もその都市の主要なランドマークになっている例はいくつもある。パリの景観の重要なアクセントとなっているエッフェル塔は、１８８９年開催のパリ万博のために建造され、入場アーチの役割を果たした。また、オーストラリアのかつての臨時首都で第２の都市であるメルボルンのランドマーク「王立展示館」は、１８８０年のメルボルン万博の中心的な展示館として建てられたものである。

エッフェル塔は、「パリのセーヌ河岸」の一部として、また王立展示館は、周囲の庭園と併せて「王立展示館とカールトン庭園」という名称で、どちらも世界遺産に登録されている。そしてどちらも100年以上を経た今も重要な観光資源となっている。こうした真の意味の「レガシー」を2025年の大阪・関西万博は次世代に残せるのだろうか？　そこまで壮大なプランを考えて大阪万博は計画されているのだろうか？　その行方を注視したいと思っているし、仕事柄やはり一度は現地で見てみたいとは考えているのだが……。

終章　観光を地域や私たちのプラスにするために

観光の意義とは？

これまで「観光立国」について、メディアで喧伝《けんでん》される一部分のみを見て、過度な期待をかけることは危ういと縷々《るる》説明してきた。悲観的すぎる、オオカミ少年ならぬ老人だ、という批判も当然あるかもしれない。

しかし、私は観光産業の将来に期待を抱かざるを得ない立場にある。大学で観光学を教えている以上、観光が成り立たなくなれば、学部への入学希望者はさらに減り、学部の運営が立ち行かなくなるかもしれないからだ。実際、コロナ禍では、観光業界への就職人気は落ち込み、学部の入学者数も減少気味であった。

２０２０年の大学生の就職希望企業のトップ５（「マイナビ・日経　２０２０年卒大学生就職企業人気ランキング」）を見ると、文系総合の第１位がＪＴＢ、第２位がＡＮＡ、第３位が東京海上日動火災保険、第４位がソニー、そして第５位がＪＡＬとなっている。航空会社も広い意味で旅行・観光業界だとすれば、３社がランクインしていたわけである。これがコロナ後の２０２４年卒になると、顔ぶれがかなり変わる。第１位はニトリ、第２位が東京海上、第３位がＪＴＢ、第４位がファーストリテイリング（ユニクロやＧＵを運営）、そして第５位が伊藤忠商事。ＪＴＢは踏みとどまっているが、航空会社はトップ10にも入っていない。ＪＴＢは、２０２３年卒では19位まで落ちていたので、コロナ後の回復により再び就職先として選ばれるようになったのかもしれない。業界にとってはいい兆候ではある。だが、やはり移動が制限されることによる影響は今も続いているといっていい。

筆者は、人類が移動を通じて生息環境を増やし、移動手段の進歩をもって産業の発展や国家間の貿易を促したことを学んできた。そして、人類が日常を離れた空間に身を置くことでリラックスし、明日の活力を得ていることも十分に理解している。すなわち、観光は人間にとって不可欠なアクティビティであるはずである。

では今後観光はどうあるべきか。真っ先に考えつくのは、観光、あるいは余暇や遊びの地位をもっと高めることである。日本人は、仕事が「主」で余暇が「従」だという考えが根強い。上司より早く退勤したり、忙しい時期に有給休暇を取得するのはためらわれる。忙しい時期でないなら、夏期休暇等に有給休暇をくっつけて10日、あるいは2週間ほど休んでも制度上一向に差し支えないはずなのに、それがなかなか実行できない雰囲気が多くの職場にある。

外貨稼ぎのためだけなら、一方的な流入超過で構わないだろう。しかし、相互理解のためには相互訪問が必要であり、「観光は悪ではない」という意識を醸成する必要がある。

「エッフェル姉さん」の罪深い写真

それに関してずっと心にわだかまっているエピソードがある。2023年、二人の政府関係者の「観光」が大きく報道され、その政府関係者はメディアで徹底的にバッシングされた。一人は当時の首相政務秘書官で、岸田首相（当時）の息子である岸田翔太郎氏。同年1月の首相の欧米訪問に同行した氏は、パリとロンドン滞在中に公用車で「観光」したとして非難の嵐に遭い、その後別の不祥事もあって秘書官を辞任した。

もう一人は、2023年の新語・流行語大賞の候補にまでなった「エッフェル姉さん」こと、参議院議員の松川るい氏である。自民党女性局のフランス研修の合間に撮影したエッフェル塔を真似たポーズの記念写真が、「『観光』している！」として批判され、氏は女性局長を事実上更迭《こうてつ》された。メディアも世間もほとんどがバッシングに加担したが、筆者には根本的な疑念が今も残っている。それは、「観光はそんなに悪いことなのか？」という疑念である。

私たちサラリーパーソンも「業務」で出張することはままある。その際、新幹線の窓から富士山の雄姿を眺めながら駅弁を食べるのは、当然ながら業務の移動時間内のことである。日常を離れ景観やグルメを堪能している意味では、「観光」という行為の一部でもあるだろう。とはいえ移動中のこのふるまいは誰からも批判されないはずである。

また、例えば大阪で商談を終えたあと、帰りの新幹線までの空いた時間に、大阪城を見学し、鶴橋界隈で焼肉に舌鼓を打っても、通常は許容範囲として問題視はされないだろう。出張から帰って上司に「夕方、本場の焼肉を食べてきました。大阪城も初めて見ました」と報告したとして（普通はしないと思うが……）、大目玉を食らったり、服務規程違反だとして処罰されたりすることはないはずである。

それなのに、二人の政府関係者の「観光」は、公務の合間であっても許されない行為として批判された。わが国は「観光立国」を声高に謳っている。観光は日本を救う重要な産業だという宣言である。ところがその推進役の政府関係者が「観光」をすると、それが公務に影響しない範囲であっても国民の怒りを買う。もちろん、その原資（の一部）が税金であることや、本来の視察の時間が渡航期間に比して少なく、その報告書が公開されていないこと、また観光している様子をSNSにアップする能天気さが批判されていることはわかる。しかし私たちの中には、「観光は業務より下」「観光は余暇にするものであり、仕事と絡めてはいけない」という暗黙の了解があることを、このバッシング事件は浮き彫りにした。

パリやロンドンといった多くの観光資源を有する都市へ行くのであれば、最初から「観光地の視察」も公務に組み入れ、気づいたことや発見したことをきちんと報告書に記載し、日本の観光政策の参考になることを一つでも拾ってくれれば、これほどのバッシングはされなかったし、国の方針とも合致したはずである。エッフェル塔への入場方法や入場料などが、東京のスカイツリーや東京タワーとどう違うかを報告するだけでも参考になるだろう（ちなみにエッフェル塔の最上階への入場料は2024年6月現在29・4ユーロ、およそ5000円と、日本の施設と比してかなり高い）。

もちろん、これは建前論であって、これまでのふるまいを見れば岸田氏や松川氏が本当に観光政策の新たなヒントを短時間で見つけられたはずはないと思う。しかし、観光地の入場料やその徴収の仕方のほかにも、欧州では大都市でも日本とは異なり、交通機関の運営母体の違いにかかわらず均一のゾーン運賃を設定し、利用しやすい公共交通システムを構築している点など、数時間あれば身をもってそれらを体験できる。そうした問題意識を持っていれば、堂々と観光を行い、その体験を報告書に記せる。せっかく国が本気で観光振興に力を入れていることを示すチャンスだったのに、しかもそれが首相秘書官や党の女性局長という「大物」だっただけに、余計惜しまれる。筆者から見れば「観光立国」を目指すといくら国が音頭を取っても、国の中枢の方々はしょせんその程度の見識もないんだなという印象を持たざるを得なかった。それが、二人の欧州「観光」の顛末《てんまつ》に関する少し斜めから見た感想である。

「観光」の再定義の必要性

日本の大学の観光学部や観光学科に入学した学生たちは、「観光学入門」や「観光学概論」といった授業で、まず、「観光」の定義や語源を学ぶ。「観光」という言葉は、明治初期に欧米の多種多様な文化が流入した時期に、「tourism」（ツーリズム）という英語を翻訳して登場した新しい単語である。いわく、中国の古典「四書五経《ししょごきょう》」の一つ、『易経《えききょう》』に出てくる「観国之光　利用賓于王（国の光を観る　もって王に賓たるに利《よろ》し）」の一文から採られていると。そこで問題になるのは、「国の光」とは何か？　ということである。原義からすると、「その国の政治や文化、風俗などを観て、きちんと治められていれば王の賓客として迎えられ仕えるのがふさわしい」ということなので、その国の良きところ（＝光）を知る、と解釈できる。それがもう少し意味を広げて、「日常の地を離れ、別の場所の文化などを知る」というような語釈に転化して、今に至っている。

17世紀から19世紀初頭にかけて、イギリスの裕福な貴族の子弟がイタリアやフランスなどを旅して見聞を広げる「グランドツアー」が流行し、他の欧州諸国でもその習慣が定着したが、この場合の「ツアー」も、単なる物見遊山《ものみゆさん》の遠出というよりは、「異文化に触れる」という学びの意味合いが強い。「観光」という訳語はそこそこ的を射ていたのかもしれない。

しかし、この明治時代につくられた説明だけでは現代の観光にそぐわなくなっている。そこで、例えば、国連の観光に関する下部機構であるＵＮＷＴＯ（国連世界観光機関）では、「継続して1年を超えない範囲で、レジャーやビジネスあるいはその他の目的で、日常の生活圏の外に旅行したり、また滞在したりする人々の活動を指し、訪問地で報酬を得る活動を行うことと関連しない諸活動」（日本語訳は、佐竹真一「ツーリズムと観光の定義」による）と定義している。

この定義を先の二人の政府関係者の海外渡航に当てはめれば、どちらの条件も満たすと考えられる。二人はそもそも「観光」でイギリスやフランスを訪れたことになる。レジャーもビジネスも、国連は「観光」と位置付けている。したがって公務で出かけたとしても、レジャー（＝狭義の「観光」）をしてもよいわけである。まして、松川氏の場合は、「研修」であり、まさに見聞を広めることも重要なミッションだと言えるので、エッフェル塔を見たり、一緒に写真を撮ったりすることは、何の問題もないとさえ解釈できる。

それに加えて、コロナ禍のさなか、会社に出勤ができなくなったためテレワークをすることが認められるようになると、仕事の場所は必ずしも自宅でなくても、ネット環境さえ整えばどこでもよくなった。そこで、仕事と休暇が融合した「ワーケーション（work+vacation）」という言葉も定着した。リゾートホテルに滞在し、パソコンに向かう合間にプールや海岸で泳ぐことも、雇用主が正式に認めるようになったのである。ここでは、「業務」と「狭義の観光」の境界はほとんどないと言える。

さらに付言すれば、こうした勤務地以外で仕事をするということは、コロナ以前からもすでに提唱されていて、様々なトライが行われてきた。筆者は、NHK勤務時代、もう30年も前に『特報首都圏』（1984~2017年）という番組で、「リゾートオフィス」を取り上げたことがある。東京でデスクワークをする社員が一定期間、信州などのリゾートホテルに滞在して仕事を行う社会実験の試みであった。バブルの崩壊などもあり、残念ながらこのトライが社会全体に広がったわけではないが、観光とはこうしたことも包含する広い概念に変容してきたと言えるだろう。

「リアル」な観光の意義

もう一つ、観光の定義を揺るがしているものがある。これもコロナ禍でクローズアップされたことである。実際に現地に行くのではない、「バーチャルな観光」を観光の概念の広がりとしてどう捉えるかという命題である。

周囲の大学生たちと話すと、ネットやゲームなどで疑似的な海外旅行はいまやいくらでもできる。現地に行ってみるのと遜色ない美しい景色も再現できているし、自分では登れない高山の頂や美しい海中にも行くことができる。言葉の心配もいらないし、飛行機に乗り遅れたり、ホテルの予約が取れていなかったりというトラブルもない。

コロナ禍では、旅行会社や自治体の観光セクションなどが、「オンライン観光」と銘打って、インターネットを通して疑似的な旅行を提供したが、今日ではメタバースや双方向のゲームなどで、リアルと見まがうような体験ができてしまう。こうした体験が、先のUNWTOの定義にある「日常の生活圏の外に旅行したり、また滞在したりする人々の活動」に当てはまるのかどうかだが、没入感を追求した昨今のIT技術の発達を見れば、疑似的な観光も十分、「日常の生活圏の外」と言えてしまいそうだ。

一方で、どんなにこうした技術が進歩しても、やはり現地に赴き、五感でその土地の「光」を体感することは、何ものにも代えがたい体験だという考え方もあるだろう。どんなにニューヨークやパリに日本と同じレベルの寿司店やラーメン店ができていたとしても、やはり日本に来て、日本人に交じって寿司やラーメンを食べる体験とイコールにはならないはずである。

自然災害や人手不足で起きつつあるリアルな観光の危機を補うものとして、あるいはオーバーツーリズムの解消の一助として、私たちは観光の概念の拡張をもう少し真剣に検討してもよいのかもしれない。

観光を支える市民を大切に

観光立国を本当に目指すならば、物価の相対的な安さや為替の恩恵でバブル的に殺到している感もあるインバウンドを本当に定着させ、しかも、経済的効果だけでなく、精神的な効果も含めて広く国民に共有されるような施策が必要であろう。

インバウンドをただ来るがままに任せ、商売も目の前の外国人向けに力を注ぐと、国内の利用者をないがしろにしかねない。しかもインバウンドは水物で、ひとたび何かが起きれば一気に消滅する可能性もある。そのことを私たちはコロナで骨身にしみて思い知ったはずである。商売をする人は、常に地元の人あっての対応を心がける必要がある。

また、私たちは今、主に先人たちが残した過去の遺産を観光資源として食いつぶしている。しかもその観光資源は幾多の苦難を乗り越えて今につながっている。例えば、京都は幾度も戦乱に見舞われ、中心部である洛中には、都が造られた平安期の建物は一棟も残っていない。ちなみに洛中最古の建物は、大報恩寺《だいほうおん》の本堂（千本釈迦堂《せんぼんしゃかどう》）で、鎌倉初期の建造である。清水寺の本堂も東寺の五重塔も江戸時代の再建であるし、名前から平安時代を彷彿とさせる平安神宮に至っては明治期に博覧会のパビリオンとして建てられた、かつての大内裏《だいだいり》の縮小コピーである。しかし、こうして先人たちは自然災害や戦乱で焼失した建物を再建し、伝統を復活させるためにあえてかつての都を再現した。あるいは、食べ物にしても日本食として定着しているものの多くは、中国大陸やさらに遠い地からやってきて日本で少しずつ改良されて、いまや世界の舌をうならせている。

では、現在の私たちは新たな観光資源を生み出せているだろうか？　もちろん、渋谷のスクランブル交差点や世界一の充実度を誇る自動販売機、24時間何でも揃うコンビニエンスストアも重要な観光資源かもしれないが、日本が長い歴史の中で固有の文化をはぐくんだのは、ひとえに先人のおかげである。

また、こんな側面もある。実は私たちはインバウンドのおかげで日本の観光資源を「発掘」してもらっている。渋谷のスクランブル交差点、あるいは自動販売機やコンビニがそれ自体「観光資源」だと教えてくれるのは主に外国人である。調理器具が揃う東京の合羽橋《かっぱ》、充実した古書が揃う神保町《じんぼうちょう》の古書街には、たくさんの外国人が訪れているが、私たちのどれくらいが合羽橋の店に置かれた便利なグッズや、江戸期の魅力あふれる和本の価値に気づいているだろうか？

2024年2月に大学生とともに京都・花園の大伽藍《だいがらん》である妙心寺《みょうしんじ》の塔頭《たっちゅう》の一つ「退蔵院《たいぞういん》」を訪ね、自慢の庭園を拝観したが、その折、私たちが来る前から庭先にたたずみ庭園を微動だにせず眺めていた一人の外国人の女性がいた。彼女は私たちがひとしきり庭の写真を撮り、そそくさと退去するころもじっと心のうちで庭と対話していた。驚くのは、まさに1枚の写真も撮ろうとしていなかったことである。いまや観光客の多くが、SNSでバズった写真に導かれ、同じ構図の写真を撮って満足しているように見える。第三章で紹介したように、2023年から2024年にかけて、山梨県富士河口湖町で、コンビニのローソンの後方に富士山が見える写真を撮ろうとして外国人観光客が殺到し、大きな問題となったことがあったが、こうした刹那的な行為とは対極のこの女性の姿は、筆者自身の観光の姿勢のあり方にも自省を促した。

哲学的な意味が込められた禅宗の退蔵院庭園は、日本人の私たちよりも外国人の琴線《きんせん》に触れているのではないか。インバウンドが日本に来てくれる意義は、単にお金を落としてくれることではなく、日常に慣れてしまい、日本の良さについて目が曇りがちな私たちに、それを教えてくれていることではないか。あるいは時間に正確なことが当たり前で、列車が少し遅れても車掌や駅員に文句を言うような風潮に対し、逆に数分の遅れでもきちんと理由の説明と謝罪をする、世界でも稀有な鉄道員の律儀さを、外国人の声から学ぶことが必要ではないか。

そのためにも、「観光立国」という言葉の経済的な側面だけに心を砕くのではなく、外国人との交流によりお互いを知ることこそが、日本に観光客が来てくれる本来の意義であることを確認すべきであろう。

平和の礎としての観光

そのことをもう一つ別の角度から見てみたい。

筆者は専門家として、世界遺産に関する授業や講演をする機会も多いが、この制度の最大の存在価値は、第九章でも述べた通り、観光振興ではなく、世界遺産を抱えていたり、それを今まで守ってきた国や地域に対して敬意を表し、一緒にそれを守ることに賛同する姿勢にあると説明している。そしてそのリスペクトがあれば、その当事国に銃やミサイルを向けることはしづらくなる。つまり、世界遺産は平和の礎の役割を果たしているのだということを伝えるようにしている。

観光という行為そのものも、それに似たところがある。前述したように、2023年の年末から筆者は1週間ほど、旅行社が主催する団体ツアーに参加してイランを訪れた。メンバーは自分とほぼ同年代の旅行好きの人たちであったが、ほぼ全員が旅を通じてイランという国を好きになり、ツアーが終わった後もＬＩＮＥグループを作り、情報を交換したり、数か月後に東京都内のイラン料理を出すレストランで再会し、その後も時折集まって食事をするまでに仲良くなった。イランの歴史、文化、風土、そこに暮らす人々に好印象を持ったからこそ、こうした仲間の連帯が続いているのだろう。観光を通じてイランに親近感を抱くと、その分悪感情は薄れる。イランは、イスラエルと対立するハマスの支援をしていると言われ、イスラエル寄りの西側諸国の視点から見れば非難されやすい国家かもしれないが、イランをつぶさに見てきた私たちは、そうした単純な判断はしないだろう。そして、中東情勢がさらに悪化し、仮に日本がイランと敵対するようになっても、イランへの親近感は維持されるはずだし、それが戦闘状態に進む抑止力となり、結果として平和の礎につながる（ちなみに２０１９年のイランへのインバウンドは９１１万人で世界で46位。オーストラリア９４７万人、ベルギー９３４万人と大差ないくらい多かったが、日本からの渡航者は６０００人未満ときわめて少ない）。

韓国、中国といった、国家レベルではすれ違いやいがみ合いがある国からも、今、大勢の旅行客が日本に来ているが、その多くは日本に好印象を持って帰ってくれることが期待できる。実際、公益財団法人「新聞通信調査会」が２０２４年２月に公表した世界５か国で実施した世論調査の結果を見ると、日本に対し「好感が持てる」と答えた割合は韓国で44％となり、2年連続で過去最高を記録している。その背景に多くの観光客が日本に来て、日本人と触れ合ったり文化を体感したりしていることもあると思われる。

観光客、特にインバウンドを経済の視点だけで見るのではなく、相互理解の手段として見れば、「観光立国」の意義も深まるだろう。その意味では、日本からの海外渡航者が減っている、とりわけ若年層に海外への関心が薄く、海外旅行が面倒くさいというような風潮があるのは決して好ましくない。海外への関心や理解が薄い人が増えていくことは、自国中心主義、自分の国しか見えていない人を増やしかねないからである。

おわりに

「海外旅行は高くて無理。国内はどこへ行っても外国人だらけ。おまけに国内のホテルの価格も爆上がりして、もう旅行は私の選択肢からは消えた……」。こんな声をどれくらい聞いただろうか。この1年、観光業の復活、インバウンドの増加にともなって再び様々な課題が表出し、筆者には多くのメディアから観光のあり方についてコメントを求められる機会が増えた。

ジャーナリズムに携わる人にとって、観光立国という言葉が持つ威勢の良さとは裏腹の歪《ゆが》みは、彼らの職業的な問題意識を喚起するのではないか。大手メディアやフリーの多くの記者やディレクターと話していてそのことを強く感じる一方、その彼らが属する放送局や新聞社は相変わらずインバウンドによる経済効果を伝え続けている。そのギャップを何とか埋める方法はないか、それがこの本を書く動機となった。

筆者は観光が大好きな旅の申し子である。海外も含めた世界遺産のほぼ半分を制覇している。国内も全市町村を訪れただけでなく、離島も含め集落単位で日本の隅々まで歩いている。コロナ禍の間も移動の制限が解除されてからは精力的に国内各地を巡ったし、海外からの帰国時に72時間以内のＰＣＲ検査の義務がなくなってからは、渡航できなかった期間の穴埋めをするように再び海外を訪れ、観光の現場を歩くようにしてきた。そのたびに思うのは、現地に赴き五感でその土地の息吹を感じ、そこで暮らす人々と交流することの大切さであり、それはイコール「観光」の大切さの確認でもあった。

そこで思い出すのが、２０１７年にデンマークの首都コペンハーゲンの市当局が発表した「観光の終焉」という提言である。英文では、「THE KING IS DEAD! WONDERFUL COPENHAGEN CONCLUDES THE END OF THE ERA OF TOURISM, AS WE KNOW IT.（王は滅んだ。素晴らしきコペンハーゲンは、『観光の終焉』を決定した、すでにお伝えしたように）」と訳されている。デンマークは人口およそ６００万人の小国だが、２０１９年には人口の2倍以上にあたる１３２８万人ものインバウンドを受け入れている。しかし、団体で大挙してアンデルセン童話の人魚姫の像などを見てそそくさと帰っていく観光客はいらない。無理してインバウンドに合わせるのではなく、普段の生活を見てもらい、共感してもらい、場合によってはそこから新たな文化を共創していこうという観光戦略の転換を、「終焉」という強い言葉で打ち出したものである。

この提言に照らせば、築地場外市場で日本人の食生活にはなじまない「ウニをのせたステーキ」を高額で販売するような行為は、本当の観光ではない。そもそも政府が進める観光振興策は、経済的な側面だけで効果を測ったり、富裕なインバウンドを受け入れることが最優先されるような風潮だったりすることが目立っている。本書では、その危うさをきちんと指摘したかった。その認識がないと、「観光立国」は表面的な掛け声で終わるのではないかという危惧が筆者にある。

本文でも指摘したように、観光産業がこれからも順風満帆に推移するとは限らない。むしろそうならない可能性が高い。今は大丈夫でも10年後には訪れることができない国がもっと増えそうな予感もある。5年前にウクライナやイスラエルに観光で入国できなくなると誰が想像しただろうか？

筆者はこれからも大学の観光学部で、若い学生と観光のありようを考えていくことになる。

学生たちが自分自身も各地へはばたける自由を謳歌し、また逆に日本を訪れる人たちと深い交流を持てるような社会であり続けてほしいと願っている。
　最後に本書を完成させるにあたり、中央公論新社の編集者の方々、勤務先の大学の同僚や学生たち、そして旅先で出会い、多くの示唆を与えてくれた数えきれない方々にお礼を申し上げたい。

佐滝剛弘

主要参考文献

東浩紀『観光客の哲学　増補版』２０２３年、ゲンロン

大石奈々『流出する日本人　海外移住の光と影』２０２４年、中公新書

国土交通省観光庁『観光白書　令和５年版』２０２３年

小松理虔『新地方論　都市と地方の間で考える』２０２２年、光文社新書

佐滝剛弘『観光公害　インバウンド４０００万人時代の副作用』２０１９年、祥伝社新書

佐滝剛弘「高速道路最前線」２０１８年～、東洋経済オンライン

中尾清、浦達雄編著『第３版　観光学入門』２０１７年、晃洋書房

増田寛也編著『地方消滅　東京一極集中が招く人口急減』２０１４年、中公新書

佐滝剛弘　Sataki Yoshihiro

1960年、愛知県生まれ。東京大学教養学部卒。NHKディレクターとして「クローズアップ現代」などの番組制作に携わったのち、高崎経済大学、京都光華女子大学を経て、現在は城西国際大学観光学部教授。著書に、『観光公害　インバウンド4000万人時代の副作用』『「世界遺産」の真実　過剰な期待、大いなる誤解』（ともに祥伝社新書）、『郵便局を訪ねて１万局　東へ西へ「郵ちゃん」が行く』（光文社新書）、『高速道路ファン手帳』（中公新書ラクレ）ほか、多数。

中公新書ラクレ 821

観光消滅《かんこうしょうめつ》

観光立国《かんこうりっこく》の実像《じつぞう》と虚像《きょぞう》

2024年９月10日発行

著者……佐滝剛弘《さたきよしひろ》

発行者……安部順一

発行所……中央公論新社

〒100-8152 東京都千代田区大手町 1-7-1

電話……販売 03-5299-1730　編集 03-5299-1870

URL https://www.chuko.co.jp/

本文印刷…三晃印刷　カバー印刷…大熊整美堂　製本…小泉製本

Published by CHUOKORON-SHINSHA, INC.

Printed in Japan　ISBN978-4-12-150821-8　C1236